あたらしい憲法草案のはなし

自爆連

目次

はじめに

この本は自由民主党（自民党）の憲法改正草案について、わかりやすく解説したものです。自民党は日本の政党のひとつですが、憲法改正にもっとも積極的な党でもあります。いまの政府は、選挙でもっとも多くの議席を得た自民党と、自民党の政策に賛成する公明党という二つの党が協力して運営しています。その自民党が出した案ですから、あたらしい憲法がこの草案に近いかたちになる可能性は高いといえるでしょう。

現在の日本国憲法が公布されたのは、昭和二十一年（一九四六年）でした。その一年後の昭和二十二年（一九四七年）、当時の文部省は中学一年生むけに『あたらしい憲法のはなし』という教科書をつくりました。

日本国憲法の条文はむずかしいことばで書かれているため、中学生が理解するのは容易ではありませんでした。また、子どもたちは戦時中の教育になれていましたから、民主主義について一からおしえる必要がありました。そこで文部省は、あたらしくなった憲法がどんな理念をもち、そこにはどんなことが書かれているかをおしえ、生徒ひとりひとりに国民としての自覚をうながそうとしたのです。『あたらしい憲法のはなし』の大切なところは巻末にのせましたので、時間があればこちらもお読みください。

さて、それからおよそ七十年がすぎました。

憲法はいま、大きな分かれ道にたっています。政府と与党である自民党のあいだで、いままでの憲法をあたらしい憲法に変えようという気運が高まっているのです。

憲法を変えるためには、衆議院と参議院のそれぞれで、三分の二以上の議員の賛成を得ることが必要です。両院で三分の二以上の賛成を得られたら、つぎには国民投票がおこなわれ、投票者の二分の一以上の賛成が得られれば、あたらしい憲法に変わります。

このように、憲法を変えるためには、とても高い壁がたちはだかっています。それだからこそ、憲法は七十年も変えられずにきたのです。

ですが、この高い壁がこえられる日は、近いかもしれません。憲法を変えたいと思っている両院の国会議員の数が、三分の二をこえるところまで来たからです。

いいかえれば、いままさに、わたしたち国民ひとりひとりが、現在の憲法のままがよいか、あたらしい憲法に変えるべきかを問われているのだといえましょう。

あたらしい憲法のもとになる案は、平成二十四年（二〇一二年）四月二十七日に自民党が発表した「日本国憲法改正草案」（以下、憲法草案と略します）です。

みなさんは、この憲法草案がどんなものかごぞんじでしょうか。よく知らないという人が多いのではないでしょうか。そんなことでは、いまのままの憲法がよいか、あたらしい憲法がよいのか、判断することができません。

そこで、わたしたちも、七十年近くまえの『あたらしい憲法のはなし』をみならって、『あたらしい憲法草案のはなし』をつくることにしたのです。

わたしたちはこの草案をつくった人（起草者）ではありません。ですが、できるだけ草案をつくった人びとの気持ちによりそい、そこにこめられた理念や内容をつたえたいと考えました。改正の意図がわからない点は自民党が出している資料などを参考にし、それでもわからないときは、起草者の身になって考え、ことばをおぎないました。

憲法改正に賛成する人も、反対する人も、どうぞこの本をお読みください。この草案を考えた人びとが、どれほど強い、熱い思いをもって、あたらしい憲法をつくろうとしているかが、きっとおわかりになるでしょう。そのうえで、憲法を変えたほうがよいのかどうかを、しっかり考えてもらいたいと思います。

平成二十八年（二〇一六年）五月三日

自民党の憲法改正草案を爆発的にひろめる有志連合（自爆連）

一　憲法を変える理由

◆憲法にもしゅうりが必要です

みなさん、自由民主党（自民党）のあたらしい憲法改正草案ができました。平成二十四年（二〇一二年）に発表された「日本国憲法改正草案」（以下、憲法草案と略します）です。

このあたらしい憲法草案をこしらえるために、たくさんの人びとが、たいへん苦心をなさいました。「草案」というのは「下書き」のことですが、近い将来、いまの憲法にかわって、この「草案」がわたしたち日本国民のほんとうの憲法になるかもしれません。

国をどういうふうに治め、国の仕事をどういうふうにすすめるかをきめた、いちばん根本になる規則が憲法です。国を家にたとえると、ちょうど柱にあたるものが憲法です。憲法は国のいちばん大事な規則ですから、これを国の「最高法規」というのです。

ですが、みなさん、もしこの「最高法規」に欠陥があるとしたらどうでしょう。

それは、家の柱がくさっているのとおなじですから、家のあちらこちらに「ゆがみ」や「ひずみ」が出て、いずれは家そのものが倒れてしまうでしょう。家をまもるためには、くさった柱をとりかえなくてはなりません。

いまの憲法は、昭和二十一年（一九四六年）十一月三日に公布され、昭和二十二年（一九四七年）五月三日に施行されました。その後、わたしたちの国は七十年も、この憲法をまもってきました。ですが、七十年もたてば、どんなりっぱな家でもこしょうがめだち、しゅうりが必要になります。憲法もおなじです。日本国憲法にはいま、大きなしゅうりが必要なのです。

◆いまの憲法は日本が「敗戦国」だった時代のものです

憲法にしゅうりが必要になった理由のひとつは、日本が力をつけたことです。

日本国憲法ができたころ、日本は大きな戦争に負けたばかりで、戦争に勝った国（アメリカやイギリスなど）の支配下にありました。日本国憲法も、日本に降伏（負けをみとめること）をもとめる「ポツダム宣言」のとりきめをもとにしています。つまりこの憲法は、外国がつくった草案をもとに、外国の意向にそってつくられたものなのです。

しかし、昭和二十七年（一九五二年）に日本は独立し、いまはりっぱな先進国の一員です。それなのに、いつまでも「敗戦国」だった七十年もまえの憲法にしばられているのは、おかしなはなしではないでしょうか。ですから自民党は、六十年もまえから、自分たちの手でつくった憲法に変えるべきだと主張してきたのです。独立国が自前の憲法をもつのはとうぜんのことでしょう。

◆いまの憲法では、国内外の変化に対応できません

憲法にしゅうりが必要になった二つ目の理由は、国内外の事情が変わったことです。

現在の国際社会は、世界の平和をまもるために、一致団結してテロなどの脅威（おそろしい力）と戦わなくてはなりません。ですが、日本国憲法には、戦争を禁じた九条というものがあるために、国際社会で、きちんと責任をはたすことができません。

また、いまの憲法は、国民の権利を必要以上におもんじているため、国の大切な仕事をする政府や省庁などにとっては、迷惑なきまりがたくさんあるのです。国の仕事がすすまなければ国民の生活にもさしさわりますので、これは国民にとっても大きな問題です。

このように、いまの憲法には、現実と合わないところ、不便なところ、まちがったところがたくさんあります。それをひとつひとつなおすのが、憲法を改正する大きな目的なのです。

◆いまの憲法には「日本らしさ」が欠けています

この本の巻末にある、いまの憲法の書きだしを読んでみてください。〈**日本国民は、正当に選挙された国会における代表者を通じて行動し、われらとわれらの子孫のために、諸国民との協和による成果と、わが国全土にわたつて自由のもたらす恵沢を確保し……**〉

たいへん長ったらしく、また、わかりにくい文章で、みなさんも「変な日本語だ」と思われたことでしょう。日本国憲法は、英語で書かれた文章を日本語に翻訳したものなので、このような、おかしな日本語になっているのです。

おかしいのは日本語だけではありません。日本国憲法の前文には、日本がどんな国かをしるした文章がありませんし、もともと外国の考えでつくられた憲法ですので、日本の風土に合わない条文もすくなくありません。このようなゆがんだすがたをなおし、日本の文化と伝統をふまえた日本らしい憲法にすることも、憲法を改正する大きな理由なのです。

日本国憲法

◆憲法の三原則が変わります

では、あたらしい憲法草案では、いまの憲法とどこがどう変わるのでしょうか。

みなさんは、学校で「日本国憲法の三原則」をならったことがおありでしょう。日本国憲法の三原則とは、つぎの三つをさします。

一、国民主権
一、戦争放棄
一、基本的人権の尊重

この三原則はとてもたいせつなものだと学校ではおそわったことでしょう。けれども、さきほども申しましたように、この三つの原則には、どれもおかしいところがあるのです。つまり、みなさんは、学校でいままで、まちがったことをおそわってきたのです。

あたらしい憲法草案は、このような憲法のまちがいをただし、日本がよりよい国に生まれかわるために、国を愛する人びとが知恵を結集して考えだしたものです。

憲法草案、すなわちあたらしい憲法の三原則はつぎの三つです。

一、国民主権の縮小
一、戦争放棄の放棄
一、基本的人権の制限

また、この三原則以外にも、大切な変更点がいくつかあります（それは最後の章でおはなしします）。それでは、つぎの章から、ひとつずつおはなししていきましょう。

あたらしい三原則
国民主権
の縮小
戦争放棄
の放棄
基本的人権
の尊重
の制限

二　国民主権の縮小

◆日本はこれからも民主主義の国です

「国民主権」とは民主主義のもとになる考えかたで、国民が国の主役であり、国の政治は国民がきめる、という意味です。「主権在民」ともいいます。

明治二十二年（一八八九年）につくられた大日本帝国憲法（明治憲法）では、〈**大日本帝国ハ万世一系ノ天皇之《これ》ヲ統治ス**〉（一条）ときめられ、日本は天皇が治める国でした。

昭和二十一年（一九四六年）につくられたいまの日本国憲法では、この原則が大きく変わり、日本の政治は日本国民が自分できめることになったのです。

主権をもっている国民は、国会議員（衆議院議員と参議院議員）、地方自治体のリーダー（都道府県知事や市区町村長）、地方議会の議員など、自分たちの代表を選挙でえらぶことができます。平成二十八年（二〇一六年）の選挙から、選挙権年齢がひきさげられ、日本国民は十八歳から投票ができるようになりました。投票する権利をもった国民を「有権者」とよびます。このように、国民の意思にそって国を治めていくことを「民主主義」といいます。また、国民がえらんだ国の代表者が政治をおこなうことを「間接民主制」というのです。

憲法が変わっても、日本が民主主義の国であることはすこしも変わりません。ですが、あたらしい憲法になりますと、「民主主義のかたち」が変わるのです。

◆民主主義には困ったところもあります

民主主義も国民主権も、たいせつな制度です。けれども、主権者である国民はなにをしてもいいというわけではないのです。主権があるからといって、すべての人が自分のわがままをとおそうとしたら、国はめちゃめちゃになってしまうでしょう。

また、主権者であるといっても、国民ができるのは、選挙のときに投票をすることだけですし、近ごろでは、その選挙にすら行かない人がふえてきました。国民主権といっても、じっさいの政治をおこなうのは、国民にえらばれた代表者なのです。

ところが、国民のなかには、国の代表者が気にいらないといって、国がきめた規則にしたがわなかったり、国がきめた方針に反対したりする人がいます。また、民主主義や国民主権は「国民がきめたことならすべて正しい」という考えかたですから、たくさんの国民がまちがった考えをもったら、国の将来はたいへんなことになってしまいます。なかには、国にとって、とくに大切なことは国民の投票できめよう（「直接民主制」といいます）という人がいますが、国民の能力を考えれば、それもむちゃな考えです。

そこで、あたらしい憲法草案では、国民がまちがった考えをもたないよう、自分だけがえらいと思わないよう、国民主権について、考えなおすことになったのです。

◆前文の主語が「日本国民」から「日本国」に変わります

憲法には、いちばんはじめに、憲法ぜんたいの理念（もとになる考えかた）をしめした「前文」というものがあります。いまの憲法の前文は、このように書きだされています。

〈日本国民は、正当に選挙された国会における代表者を通じて行動し、われらとわれらの子孫のために、諸国民との協和による成果と、わが国全土にわたつて自由のもたらす恵沢を確保し、政府の行為によつて再び戦争の惨禍が起ることのないやうにすることを決意し、ここに主権が国民に存することを宣言し、この憲法を確定する〉

このなかの「ここに主権が国民に存することを宣言し」の部分が「国民主権」のもとになった文章です。ですが、この文章ですと、主語が「日本国民は」となっているため、国民は自分たちがたいそうえらいものであるかのように錯覚してしまいます。

そこで、あたらしい憲法草案では、前文がそっくり書きなおされました。

〈日本国は、長い歴史と固有の文化を持ち、国民統合の象徴である天皇を戴《いただ》く国家であって、国民主権の下、立法、行政及び司法の三権分立に基づいて統治される〉

主語が「日本国民は」から「日本国は」に変わっています。これは国民を必要以上につけあがらせてはいけない、という考えによるものです。主語が変わったことで、国の中心が「国民」ではなく、「国」そのものであることがはっきりします。

また、この前文には、日本が長い歴史と伝統と文化をもつりっぱな国であること、みなの尊敬を集める天皇をいただく、世界でもめずらしい、すばらしい国であることなどがしるされています。こんな前文ならば、国民もしぜんと国を愛する心をもつようになるでしょう。

◆天皇が「元首」になります

いまの憲法は、第一条で、**〈天皇は、日本国の象徴であり日本国民統合の象徴であつて、こ**

の地位は、主権の存する日本国民の総意に基く〉とさだめられています。
　あたらしい憲法草案では、ここにことばをたして、〈**天皇は、日本国の元首であり、日本国及び日本国民統合の象徴であって、その地位は、主権の存する日本国民の総意に基づく**〉となりました。「天皇は、日本国の元首であり」があたらしく加わった部分です。
　明治憲法では、〈**天皇ハ神聖ニシテ侵スヘカラス**〉（三条）ときめられ、主権をもっているのは天皇でした。戦後の憲法は、天皇陛下を「国民統合の象徴」としています。象徴というのはシンボルとか記号とかいう意味です。象徴とですが、象徴とはなにかというのはたいへんむずかしい問題で、ほんとうのところはよくわからないのです。
　ただ、日本国民の多くは気持ちのうえでは、天皇陛下が日本でいちばんえらい方であると思っておられることでしょう。外国の人びとにとっても、それはおなじです。そこで、こんどの憲法草案では、「天皇は日本国の元首である」とはっきり書くことになったのです。元首というのは、むずかしいことばでいうと「国家を対外的に代表する者」です。

外務省ではいまも「元首（Head of the State）」ということばを使っておりますし、「元首」とはっきり書かれれば、日本国民にも「天皇陛下が日本でいちばんえらい方だ」という自覚が生まれ、いままで以上に天皇陛下をうやまう気持ちになるでしょう。

◆国旗と国歌を尊重する義務が生まれます

いままでの憲法には、国旗や国歌にかんする規定がありませんでした。

あたらしい憲法草案では、第三条でつぎのようなあたらしい規定をもうけています。

第一項の〈**国旗は日章旗とし、国歌は君が代とする**〉と、第二項の〈**日本国民は、国旗及び国歌を尊重しなければならない**〉という二つのきまりです。

とくに注意してほしいのは「尊重しなければならない」の部分です。

平成十一年（一九九九年）にできた「国旗国歌法」でも、国旗は日の丸、国歌は「君が代」ときめられておりましたが、「尊重しなければならない」とまでは書かれておりませんでした。

また、戦前の法律にも、このようなきまりはありませんでした。

しかし、憲法が変わったら、国旗や国歌の尊重が「国民の義務」になるのですから、国旗や国歌はいままでより、正しく、ていねいにあつかわなくてはなりません。

卒業式、入学式、スポーツ大会の開幕式や表彰式などだけでなく、朝礼、地域の行事、結婚

式、葬儀などの私的な儀式でも、国旗をかかげ、心をこめて国歌を斉唱したほうがよいのです。反対に、顔に日の丸をペイントしたり、スポーツ選手が国旗をはおって応援にこたえたりするのは国旗への敬意を欠いたふるまいですので、注意が必要でしょう。

国民主権とは、日本国民であることの自覚があって、はじめて行使できるものなのです。国旗や国歌を尊重するようになれば、国民はもっと国を敬愛するようになるでしょう。

◆西暦よりも元号をおもんじてもらいます

憲法草案には「第四条（元号）」というあたらしい条文も加わりました。

〈元号は、法律の定めるところにより、皇位の継承があったときに制定する〉

元号は、明治、大正、昭和、平成など、日本だけの年代区分で、年号ともいいます。

皇位の継承によって元号が変わるのは明治

以降になってからの習慣ですが、このことは昭和五十四年（一九七九年）にできた「元号法」でも定められています。

それをなぜ、憲法に書きこむのでしょう。それは日本が「天皇をいただく国」であることをはっきりさせ、国民が元号をもっとおもんじるようになってほしいからです。

公文書ではいまも元号が中心ですが、とくに元号が平成になってから、平成××年といわれるよりも西暦二〇××年のほうがわかりやすいという人がふえてきました。これは元号という独特の文化をもつ国としては困ったことですので、公文書でなくても、こんごは西暦よりも元号を使うようにという通達が出るかもしれません。国旗や国歌とおなじく元号の規定も、国民が日本という国の一員であることを自覚してもらうためにもうけられたのです。

◆あくまでも「国」があっての「国民」です

みなさん、あたらしい国民主権の考えかたについて、よくおわかりになったでしょう。

国民主権は、国民が日本国民としての自覚をもち、節度をもって行使すべきもので、国民主権をふりかざせば、なんでもできるというものではないのです。

これまでの国民主権の考えかたは「国民が国の主役である」というものでした。しかし、あたらしい国民主権の考えかたは「主役は国で、国民は国の一部分である」というものです。あたりまえのことですが、国があってこその国民なのです。

じっさいのところ、国を動かしているのは、政治や経済の中枢をになう一部の人びとであって、国民ではないのです。このように、国を動かす一部の人びとがもつ力を、むずかしいことばで「権力」とか「国家権力」といいます。一般に、「国」といったら、このような国家の中枢にある人びと（天皇、内閣、国会議員、裁判官、中央官庁のお役人、またかれらの下ではたらく人びと、政府を支える財界人など）をさすと考えていいでしょう。

国家権力は、立法（国会）、行政（政府）、司法（裁判所）の三つに分けられ、独裁政治にならないよう考えられています。これを「三権分立」といいます。また国会は、憲法で〈**国権の最高機関であつて、国の唯一の立法機関である**〉（四十一条）とされており、三権のなかでもとくに重要な機関です。憲法草案でも、この部分は変わりません。

あたらしい憲法草案の前文にも「国民主権の下」ということばが入っていますから、草案はべつに国民主権を否定しているわけではないのです。国民主権という名のもとで、国民が調子にのりすぎるのを防ぐために、国民主権を縮小する（小さくする）のです。

ですから、みなさんも、日本国民であるならば、国民がいちばんえらいという国民主権などにこだわるよりは、日本人であることに誇りをもち、日本固有の文化と伝統を愛し、国家権力に協力して、日本のために尽くしてほしいと思います。

三　戦争放棄の放棄

◆憲法九条は、はずかしい条文です

いままでの憲法では、日本がけっして二度と戦争しないように、二つのことがきめられていました。ひとつは、兵隊も軍艦も飛行機も、およそ戦争するためのものは、いっさいもたないということです。これを「戦力の放棄」といいます。「放棄」とは「すててしまうこと」です。

もうひとつは、よその国と争いごとがおこったとき、けっして戦争によって、相手をまかして、自分のいいぶんをとおそうとしないことです。おだやかにそうだんをして、きまりをつけようというのです。また、戦争とまでゆかずとも、国の力で相手をおどすようなことも、いっさいしないことにきめたのです。これを「戦争の放棄」といいます。

ではなぜ、こんなきまりができたのでしょうか。

いまから七十年以上まえの昭和二十年（一九四五年）、日本は大きな戦争に負けました。この戦争は、たくさんの人の命をうばいましたので、そのころの日本人は、戦争が二度とおこらないようにとねがい、憲法で「戦争放棄」をうたったのです。

しかし、憲法が「戦争放棄」をかかげなければならなかったほんとうの理由はほかにあります。日本にたいする「こらしめ」という意味です。戦争に勝った国（アメリカやイギリスなどの連合国軍）は「日本から戦力や武器をうばい、二度と戦争ができないようにさせてやる」と考えたのです。これを「武装解除」といいます。武装解除は国の主権をうばうことですから、戦争

に負けた日本にとっては、たいへん屈辱的な（はずかしく、つらい）ことでした。

しかし、みなさん、時代は変わりました。いまの日本は、経済的にも発展し、りっぱな先進国の一員です。それなのに、いまも軍隊をもつことができず、おおくの先進国が参加する戦争にも加われないのは、なぜでしょうか。それは憲法九条がじゃまをしているからなのです。

◆平和主義の考えかたが変わります

いまの憲法の第二章には「戦争の放棄」という題がついています。あたらしい憲法草案では、この題が「安全保障」に変わります。安全保障というのは「軍事」のことです。

いまの九条は二つの条文からなりたっています。

ひとつめは〈**日本国民は、正義と秩序を基調とする国際平和を誠実に希求し、国権の発**

動たる戦争と、武力による威嚇又は武力の行使は、国際紛争を解決する手段としては、永久にこれを放棄する〉というものです。「国権の発動たる戦争と、武力による威嚇又は武力の行使」というのは、自分の国のつごうで他の国をこうげきする侵略戦争の意味です。

この条項は、日本の憲法だけにあるわけではありません。侵略戦争は国際法でも禁止されておりますし、おおくの国の憲法でうたわれております。ですので、憲法草案も、この条項はうけついでいます。このさき、なにがおこるかわかりませんので「永久に放棄する」ということばはけずられましたが、あたらしい九条になっても、侵略戦争をしてはいけないという原則は変わりませんし、「平和主義」という原則も、もちろんいままでどおりです。

ただし、「平和主義」の中身がこれまでとは変わるのです。日本は「戦争の放棄」を放棄して、軍事力を自由に行使する（使う）ことのできる国になるのです。

九条だけではありません。いまの憲法は、前文に〈**われらは、全世界の国民が、ひとしく恐怖と欠乏から免かれ、平和のうちに生存する権利を有することを確認する**〉と書かれています。戦争によって、国民がこわい思いをしたり、がまんしたりしてはいけない、国民には平和にくらす権利があるという意味で、これをむずかしいことばで「平和的生存権」といいます。しかし、憲法草案の前文では、この部分もけずられました。国民が平和にくらす権利などを心配していたら、戦争はできませんので、とうぜんのことでしょう。

◆積極的平和主義をうちだします

九条の二つめの条文は〈**前項の目的を達するため、陸海空軍その他の戦力は、これを保持し**

ない。国の交戦権は、これを認めない〉というものです。

憲法九条でいつも問題になり、議論されてきたのは、この二項についてなのです。ここには「戦力の不保持（武力をもたない）」と「交戦権の否認（戦争をする権利をもたない）」という二つの意味がふくまれています。しかし、「陸海空軍その他の戦力は保持しない」というのなら、いまの自衛隊はなんなのでしょうか。「国の交戦権は、これを認めない」というのなら、他の国からこうげきされても、日本はやられっぱなしなのでしょうか。

いいえ、そんなことはありません。どんな国でも、他の国からこうげきされたら反げきしてもいいことになっています。これは主権をもったすべての国にみとめられた権利で、むずかしいことばで「個別的自衛権」といいます。他の国にやられるままになっていたら、国土も国民もあやうくなってしまうのですから、自分の国をまもるために反げきするのはとうぜんのことでしょう。人間にたとえれば「正当防衛」とおなじです。

日本の政府も、とうぜんですが「自分の国をまもるための戦争ならばしてもいい」と説明してきました。昭和二十九年（一九五四年）につくられた自衛隊はそのためにあるのです。

しかし、憲法九条の二項を読みますと、政府がどんな説明をしても、やはり、うそやごまかしがあるように感じられないでしょうか。また、九条があるおかげで、自衛隊にもさまざまな制約があり、自由に活動することができません。「戦争放棄」という原則は、国にとって、ほんとうはとても迷惑なきまりなのです。

しかし、みなさん、あたらしい憲法ができれば、もう心配ありません。

憲法草案では、九条二項はつぎのように書きかえられています。

〈前項の規定は、自衛権の発動を妨げるものではない〉

条文がこのように変われば、日本は正々堂々と、自衛のための戦争ができるようになるのです。しかも「自衛権の発動」には制限がもうけられていませんので、自分の国をまもるためなら「どんな戦争でもしてよい」ことになります。いままでの九条は戦争をしないためのブレーキでしたが、あたらしい九条は、戦争をしやすくするためのアクセルといってもいいでしょう。自民党ではこれを「積極的平和主義」と呼んでいます。

◆自衛隊より強い軍隊がつくられます

戦争をするためには、いうまでもなく軍隊が必要です。

いまの自衛隊は軍隊のように見えるかもしれませんが、九条のしばりがあるため、他の国の軍隊とおなじような活動はできませんでした。そこで、憲法草案の九条には「九条の二」として、「国防軍」というあたらしい項目がもうけられました。

〈我が国の平和と独立並びに国及び国民の安全を確保するため、内閣総理大臣を最高指揮官とする国防軍を保持する〉という条文です。

自衛隊は「専守防衛」といって自衛のためだけの組織ですので、他国にせめられても、よほどのばあい以外は反げきできませんでした。じっさい、戦後の日本は一度も「個別的自衛権」を使っておりません。また自衛隊は、これまで他国の兵士をひとりも殺していませんし、ひとりの自衛隊員も戦争で死んではおりません。これは九条のせいで、自衛のための戦争におくびょうになりすぎていたためと考えられます。ＰＫＯ（国連平和維持活動）などで海外におもむい

戦争放棄

たときにも、日本の自衛隊は自由に武器を使うことができず、他国の軍隊にまもってもらっていたのですから、たいへん屈辱的だったことでしょう。

しかし、国防軍がつくられますと、さまざまな活動ができるようになります。

他の国からせめられたときだけでなく、せめてくる可能性のある国の軍事基地なども、予防のためにこちらからこうげきができます。国と国とがけんかになりそうなとき、いままでの日本は九条があるため、武力ではなく、はなしあいで問題を解決してきました。しかし、国防軍ができますと、ねばり強さがもとめられるめんどうなはなしあいは、しなくてもよくなります。じっさいに戦わなくても「国防軍でこうげきするぞ」とおどかせば、あいての国はこわがり、いうことをきくようになるでしょう。これを「抑止力」といいます。このような国防軍のはたらきによって、日本の平和はいままで以上にしっかりまもられることになるのです。

◆国防軍は武力をもったとくべつな組織です

自衛隊から国防軍に変わるのは、たんに名前が変わるだけではありません。

自衛隊は防衛省という行政機関にぞくする組織のひとつですから、自衛隊員は公務員でした。つまり身分としては、警察官や消防隊員とおなじでした。

しかし、国防軍は自衛隊とはまったくちがいます。軍隊というのは、立法(国会)、行政(内閣)、司法(裁判所)という三つの権力とおなじくらいの、独立した大きな力をもつ「四番目の権力」と考えたほうがよいのです。

戦争がおこらなくても、軍隊をもっているだけで、国のふんいきは、いままでと大きく変わ

るでしょう。国防軍に所属する人びとは「軍人」という身分となり、ふつうの人とはちがった法律のもとで任務をおこなうことになるのです。軍人は人を殺すことも仕事のひとつですし、国のひみつ（国家機密）もまもらなくてはいけません。

そのため、あたらしい九条には**〈国防軍に審判所を置く〉**という一文がもうけられています。これは「軍法会議」のことです。人を殺すのが任務のひとつである軍人が、人を殺すたびに殺人罪でさばかれていたら、戦争はできなくなってしまいます。ですから軍隊をもっている国には、どうしても軍人のためだけの法律と、軍人のためだけの裁判所（軍法会議）が必要なのです。

このように、軍隊をもつためにはたくさんの法律の改正とおおくの費用が必要です。「第四の権力」が勝手なことをしないよう、政治家は軍隊をしっかりみはらなければなりません（これを「文民統制」とか「シビリアン・コントロール」とよびます）。めんどうなことですが、国の防衛を考えれば、このくらいの犠牲はいたしかたないでしょう。

◆軍の活動はんいが広がります

あたらしい九条によりますと、国防軍は**〈国際社会の平和と安全を確保するために国際的に協調して行われる活動〉**ができます。つまり、他国がはじめた戦争に協力して、世界じゅうのどこへでも国防軍は出かけていってよいのです。憲法九条を変えるもうひとつの目的は、大国がはじめた戦争に、日本も参加することなのです。

日本とアメリカは「日米安全保障条約」という条約をむすんでいます。日本が他国からこうげきされたら、アメリカ軍がいっしょに戦ってくれるという約束です。そのかわり日本はアメリカのために、沖縄などの土地を基地として提供したり、「思いやり予算」という名前でたくさんのお金を出したりしてきました。しかし、日本には九条があるために、アメリカ軍の戦争に堂々と協力することはできなかったのです。

アメリカはこれまで、ベトナム戦争、湾岸戦争、イラク戦争など、世界じゅうでたくさんの戦争をしてきました。ほんとうは日本も戦争に参加したかったのですが、九条があるために参加できず、くやしい思いをしてきました。

仲のいい国がこうげきされたとき、仲間の国の軍隊といっしょに戦う権利のことを「集団的自衛権」といいます。九条がある日本では、長いあいだ集団的自衛権はないか、あっても使ってはいけないことになっていたのです。平成二十六年（二〇一四年）に、ときの安倍晋三内閣が九条についての考えかたを変えたため、現在では集団的自衛権は（一部だけなら）使ってもいいことになりました。ですが、そうはいっても、いまのままの九条のもとで、集団的自衛権を行使していいと考えるのはまちがっている、という意見の人もすくなくありません。

しかし、九条が改正され、国防軍がつくられれば、アメリカがはじめた戦争にも、日本は正々堂々と武器をもって参加できるようになります。戦地では敵にはっぽうされたらうち返すことができますし、仲間の国の軍隊があぶないときには、かけつけて助けることもできます。現地の人びとを武器でおどしておとなしくさせることもできます。九条さえ変われば、日本の軍隊の活動はんいは、大きくひろがるのです。

◆国際社会での平和維持に貢献します

みなさんは、日本がなぜ憲法九条を変えてまで、他国の戦争に参加したいのか、ふしぎに思うかもしれません。それは日本が、国際社会のなかで「名誉ある地位」をしめるためです。わかりやすくいいますと、これは「仲間どうしのつきあい」なのです。

みなさんにも仲よしのお友だちがおありでしょう。そのお友だちが、だれかにいじめられているのを見たら、みなさんはほうっておくでしょうか。お友だちが「助けてほしい」とたのんできたら、助けてあげたいと思うでしょう。ひとりではこわくても、たくさんの仲間が「いっしょに助けてあげよう」といったら、みなさんも仲間にはいりたいでしょう。

国と国との関係もおなじです。いままでの国際社会でも、国際社会のリーダーであるアメリカなどの「いっしょに戦おう」というよびかけにおうじて、たくさんの国の軍隊が戦争に参加し、力を合わせて戦ってきました。

一九九〇~九一年の湾岸戦争のときにも、二〇〇三年のイラク戦争のときにも、アメリカのよびかけで、およそ三十の国の軍隊が戦争に参加しました。

では、このような戦争のとき、日本はどうしたでしょうか。

湾岸戦争のときは、憲法九条があるから自衛隊は出せないといって、日本はお金を出しただけでした。イラク戦争のときは、憲法九条があるので戦闘地帯には自衛隊を出せないといって、国外から物資や人を輸送する仕事をしたり、イラクの戦闘地帯ではない場所で、道路や水道をつくるお手伝いをしたりしただけでした。

みなさん、こんなことでよいのでしょうか。他国の軍隊が武器をもって戦い、約五千人もの兵士が死んでいるのに、日本の自衛隊は、ひとりも殺さず、ひとりも殺されずに帰ってきたのです。これでは国際社会で「名誉ある地位」をしめることはできません。

積極的平和主義とは、平和は命の犠牲の上にきずかれるという考えかたです。

国際社会での「つきあい」をおもんじ、アメリカに一人前の国とみとめてもらうためには、なにがなんでも日本は他国といっしょに戦争に参加しなければなりません。そしてできれば、日本の兵士にも一人か二人、死んでもらう必要があるのです。

◆国防軍は国内の治安もまもります

念のために申しあげておきますと、国防軍がまもるのは、あくまでも「国」であって「国民」ではありません。軍隊のやくわりには、外からの敵と戦うだけではなく、国内の争いを武力でしずめることもふくまれているからです。国内の争いというのは、政府に反対する人びとの暴動や反乱、テロなどのことです。

このような動きをとりしまるのは警察ですが、軍隊にとっても暴動のちんあつはたいせつな仕事です。じっさい、韓国の光州事件（一九八〇年）や中国の天安門事件（一九八九年）のときには軍隊が出動していますし、戦前の日本でも、民衆がおこした秩父事件（明治十七年）、足尾暴動（明治四十年）、米騒動（大正七年）などのさいには、軍隊が出動して、さわぎをちんあつしました。国の安定のためならば、軍隊は国民にも銃をむけます。どこの国でも、いまもむかしも、軍隊というのはそういう組織なのです。

あたらしい憲法草案の第九条にも、国防軍の仕事として〈**公の秩序を維持し、又は国民の生命若しくは自由を守るための活動を行うことができる**〉と書かれています。「公の秩序を維持」する活動のなかには、国民がおこした暴動や反乱のちんあつもふくまれます。

しかし、みなさん、心配はいりません。国防軍に殺されたくなければ、政府に反抗したり、さわいだりしなければよいのです。じっさいには手を出さなくても「国防軍が出動するかもしれない」と想像するだけで、国民はこわがり、国のいうことをよくきくようになるでしょう。国防軍は国民にたいしても「抑止力」のはたらきをするのです。

◆国をまもるのは国民の義務です

みなさん、憲法草案のあたらしい平和主義（積極的平和主義）について、よくおわかりになったでしょう。みなさんは、戦争は軍隊がやることだから、自分には関係ないと思っているかもしれません。それは大きなまちがいです。

あたらしい九条には〈**国は、主権と独立を守るため、国民と協力して、領土、領海及び領空を保全し、その資源を確保しなければならない**〉と書かれています。

主語は「国」ですが、「国民と協力して」領土をまもれといっているのですから、国民にも国をまもるための戦争に協力する義務があるのです。

憲法草案の前文にもおなじように〈**日本国民は、国と郷土を誇りと気概を持って自ら守り**〉と書かれています。「国と郷土」を自らまもるということは、国の戦争に国民も協力しなければならないということです。戦争のために税金を上げる、軍事以外の予算をけずるなどのお金の面での協力のほか、国防軍のお手伝いをする、兵士が不足したときには、人員をおぎなうためにかけつけるなどの人的協力ももとめられるかもしれません。

いままでの憲法では、国民には「平和的生存権」がみとめられていましたので、国が協力をもとめても「戦争反対」ということができました。しかし、積極的平和主義のもとでは、もうわがままはゆるされません。これからは、政府と国防軍と国民が、みなで一致団結して内外の敵と戦い、日本と世界の平和をまもってゆくのです。

四　基本的人権の制限

◆基本的人権は日本の風土に合いません

人はだれでも生まれたときから、人間として平等に尊重される（大事にされる）権利をもっています。と学校ではおそわります。それを基本的人権（または人権）ということもおそわります。たしかに自由がまったくなくては、生きる希望をうしなってしまいますから、国民のつごうを考えれば、自由や平等は保障されていたほうがよいでしょう。

しかし、みなさん、近ごろは、自由や平等や自分の権利ばかり主張して、義務をおろそかにしている人がおおすぎないでしょうか。

人は生まれながらにして自由かつ平等であるという考えかたを「天賦人権説《てんぷじんけんせつ》」といいます。これは西洋で生まれた考えかたで、アメリカの独立宣言（一七七六年）やフランスの人権宣言（一七八九年）にとりいれられ、いまは世界じゅうの憲法で基本的人権の尊重がうたわれています。戦後の日本も、日本国憲法がさだめたこのきまりにしたがってきました。

ですが、みなさん、日本には日本の文化と伝統があることを、わすれてはいけません。西洋の「天賦人権説」を、まねればいいというものではないのです。聖徳太子の「憲法十七条」（六〇四年）に「和《わ》を以《もっ》て尊《とうと》しと為《な》す」とあるように、日本では個人の権利より「人と人の和」をたいせつにしてきた伝統があります。日本の考えかたでは、権利というのは義務をしっかりはたしてこそ、はじめて尊重されるものなのです。

そこで、こんどの憲法草案では、いままでの西洋式の考えかたをあらため、人権にかんする条文も、日本の風土に合ったかたちに変えることになったのです。

◆国民の権利はじゅうぶん維持されます

いまの憲法には、基本的人権についての条文が、不必要なほどたくさんあります。**〈国民は、すべての基本的人権の享有を妨げられない〉**（十一条）、**〈この憲法が国民に保障する自由及び権利は、国民の不断の努力によつて、これを保持しなければならない〉**（十二条）、**〈すべて国民は、個人として尊重される〉**（十三条）、**〈すべて国民は、法の下に平等であつて、人種、信条、性別、社会的身分又は門地により、政治的、経済的又は社会的関係において、差別されない〉**（十四条）、**〈何人も、いかなる奴隷的拘束も受けない〉**（十八条）、**〈この憲法が日本国民に保障する基本的人権は、人類の多年にわたる自由獲得の努力の成果であつて、これらの権利は、過去幾多の試錬に堪へ、現在及び将来の国民に対し、侵すことのできない永久の権利として信託されたものである〉**（九十七条）などなどです。

なぜ、これほどしつこく人権、人権、人権といわなければならないのでしょうか。それは、戦前の大日本帝国憲法のもとでは人権が大きく制限されており、また戦争中には国民の人権をふみにじるようなできごとがたくさんあったためです。

けれども、戦争が終わって七十年以上がたったいまは、どうでしょうか。基本的人権はもう十分すぎるほど尊重されています。これ以上、人権が大事、人権が大事といいつづけたら、国民は身勝手になるばかりで、国の仕事がしにくくなってしまうでしょう。

人権についてのきまりは、これだけではありません。

基本的人権には「自由権」「参政権」「社会権」の三つがあるとされています。

自由権は「国民ひとりひとりが自分らしく生きる権利」のことで、いまの憲法では、奴隷的拘束の禁止（十八条）、思想信条の自由（十九条）、信教の自由（二十条）、表現の自由（二十一条）、職業選択の自由（二十二条）、学問の自由（二十三条）などがふくまれます。

参政権は、「政治に参加する権利」のことで、選挙のさいに投票したり立候補したりできる権利のほか、「国の政治に口を出す権利」もふくまれます。

社会権は「請求権」ともいい、「国民が国に要求できる権利」のことです。健康で文化的な最低限の生活をいとなむ権利（二十五条）、教育をうける権利（二十六条）、はたらく権利（二十七条）、はたらく人が団結する権利（二十八条）などです。

いったい、どれほどおおくの権利を国民にあたえたら、気がすむのでしょう。これでは国民がつけあがって、権利、権利、権利とさわぐのもあたりまえです。

そのため憲法草案では、このような国民のかんちがいをなおす工夫がこらされました。

〈この憲法が国民に保障する自由及び権利は、国民の不断の努力によつて、これを保持しなければならない。又、国民は、これを濫用してはならないのであつて、常に公共の福祉のためにこれを利用する責任を負ふ〉という十二条は、憲法草案ではこのように変わります。

〈国民は、これ（基本的人権のこと）**を濫用してはならず、自由及び権利には責任及び義務が伴うことを自覚し、常に公益及び公の秩序に反してはならない〉**

これは、たいへんすぐれた条文です。権利には義務がともなうことがきちんと書かれておりますし、「公益及び公の秩序」（がなにかということは、のちほどおはなしします）に反しているときさえいえば、基本的人権のすべてを規制できるのです。なお、九十七条はまるごと削除されました。おなじことをなんどもいってもしかたがないからです。

◆いきすぎた「個人主義」を見直します

基本的人権について、もうひとつ大切な変更をおはなししておきましょう。

いままでの十三条は〈**すべて国民は、個人として尊重される**〉となっていましたが、憲法草案では〈**全ての国民は、人として尊重される**〉とあらためられました。

「個人」と「人」。たった一字の差ですが、これは大きなちがいです。

「個人として尊重される」といったばあい、ひとりひとりの個性や考えかたのちがいを尊重するという意味です。いっぽう、「人として尊重される」というのは、ひとりひとりの個性や考えかたはどうでもよく、人間としてあつかえばそれでよろしい、という意味です。きょくたんにいうと、動物あつかい（おりにとじこめる、くさりでつなぐなど）しなければ、それでよいのです。とくに「人として問題な人」の人権は、尊重しなくてよいでしょう。

それでもまだ、なぜ「個人」を「人」に変えるのか、よくわからないという人もいるかもしれません。みなさん、よくおぼえておいてください。「個人の権利」というのは、ほんとうは、国にとっては、とても危険な考えかたなのです。

「個人の権利」は、西洋の「天賦人権説」や「個人主義」をもとにしていますが、ここには

「個人の権利は国より大事」という意味がふくまれます。国の方針と個人の権利がぶつかったら、個人の権利が勝ってしまうのです。

日本が危機におちいったとき、国民が「個人の権利」を理由に、国に協力しなかったらどうなるでしょう。国のやることに、人権じゅうりんだといって国民がはむかったらどうなるでしょう。こんな危険な条文を、ほうっておくわけにはいきません。

ですので「個人の自由は国より大事」という「個人主義」をぼくめつするためにも、「個人」を「人」に変えたのです。「個」の一字を削除するだけで、わがままな人はへり、政府や国の仕事をする人たちは、仕事がやりやすくなるでしょう。

憲法草案は人権を剥奪する（うばう）のではありません。人権を制限したい（はんいをせばめたい）だけなのです。

◆「公共の福祉」を「公益及び公の秩序」にあらためます

みなさんは「公共の福祉」ということばを、おききになったことがあるでしょう。いまの憲法には「公共の福祉」ということばが、たくさん使われています。

国民は基本的人権を〈**公共の福祉に反しない限り**〉尊重される（十三条）。国民は〈**公共の福祉のために**〉利用する責任を負う（十二条）、国民の権利は〈**公共の福祉に反しない限り**〉居住や移転や職業選択の自由を有する（二十二条）、財産権は〈**公共の福祉に適合するやうに**〉、法律でこれを定める（二十九条）、というぐあいです。

「公共の福祉」は、人権が制限されるばあいのとりきめのことで、個人の権利と個人の権利がぶつかったときに、どうするかということだと説明されています。しかし、みなさん、「公共の福祉」とはなんのことなのでしょう。ほんとうはよくわかりません。

そこで、あたらしい憲法草案では、「公共の福祉」ということばをやめて、もっとわかりやすいことばに変えることになったのです。それが「公益及び公の秩序」です。

国民は〈**常に公益及び公の秩序に反してはならない**〉（十二条）、国民の権利は〈**公益及び公の秩序に反しない限り**〉尊重される（十三条）、財産権の内容は〈**公益及び公の秩序に適合するように**〉法律で定める（二十九条）、というぐあいです。

「公益及び公の秩序に反してはならない」とは、社会ぜんたいの利益や安定を考えて、「個人の権利のために社会に迷惑をかけてはいけない」という意味です。

ですが、それだけではありません。社会全体とはなにか、どんなときに「公益及び公の秩序に反する」かは、けっきょく「公の機関」がきめるのです。つまり、はっきりいいますと、「公益及び公の秩序に反しない限り」「尊重する」とは「国の意向にさからうな」ということなのです。この条文があれば、国は国民の行動を自由にとりしまることができるのです。

◆秩序ある報道で必要な情報が届きます

いまの憲法の〈**思想及び良心の自由は、これを侵してはならない**〉という十九条も憲法草案では書きかえられました。〈**何人も、個人に関する情報を不当に取得し、保有し、又は利用してはならない**〉という、あたらしい条文が加わったのです。

これは「プライバシー権」といって、個人のひみつをまもるためにもうけられたきまりです。みなさんにも、だれにも知られたくないひみつがおありでしょう。そのようなひみつを理由もなくさぐってはいけないというのが、この条文の意味です。

ですが、あたらしい条文にはもうひとつ、大切なやくわりがあります。それは報道機関（新聞、雑誌、放送局など）が国のじゃまをしないようにすることです。ニュースをながす報道は社会にとって必要な仕事ではありますが、政治家の私生活にふみこみすぎて、国の仕事がすみやかにすすまなくなるなど、困った面もあるのです。政治家の批判を目的にしたような個人情報のばくろなどは、どうあってもゆるせません。

国民の生活をまもり、「公の秩序」をたもちたいとおもったら、情報というものには、なるべく国が管理したほうがよいのです。なお、報道については「表現の自由」についてさだめた、つぎの二十一条でも、いきすぎをふせぐように工夫されています。

◆節度ある「表現の自由」をまもります

数ある自由や人権についてのきまりのなかでも、国の仕事をする人にとってとくにじゃまなのが「表現の自由」です。いまの憲法二十一条は〈**集会、結社及び言論、出版その他一切の表現の自由は、これを保障する**〉とさだめています。たしかに、日本の表現はいまや世界じゅうでみとめられ、文化の役に立っているのもじじつです。

ですが、この条文のおかげで、これまで政府やお役人など、国の仕事をする人は、どれほど迷惑したかしれません。新聞や雑誌は政府の悪口を平気で書きますし、政府に文句をいいたい人の集まりやデモも、国はみとめなければなりませんでした。

あたらしい憲法草案は、このような迷惑行為をふせぐため、二十一条を工夫しました。表現の自由はいままでどおりみとめながら、そのあとに、あたらしい条文をたしたのです。

〈前項の規定にかかわらず、公益及び公の秩序を害することを目的とした活動を行い、並びにそれを目的として結社をすることは、認められない〉

この条文があれば、国にとってぐあいの悪い表現活動は、すっかりやめさせることができます。さきほど、「公益及び公の秩序」が「個人の権利のために社会に迷惑をかけてはいけない」の意味であること、そこに「国の意向にさからうな」という意味がふくまれることはおはなししました。二十一条にこのような条文を加えた理由はなんでしょうか。

ひとつはオウム真理教事件（平成七年）などの反省などに立ち、危険な表現活動や結社は、あらかじめ制限したほうがよいと考えたためです。

もうひとつは、憲法九条が改正されて、国防軍が出動するようなばあい、国の方針に反対す

る活動（デモ、集会、テロなど）が活発化するかもしれないからです。たとえ平和的なデモや集会でも、それはいつ、どんなきっかけで暴力に発展しないともかぎりません。ですから国にさからうような活動の芽は、早めにつんでおいたほうがよいのです。

　また「公益及び公の秩序を害することを目的とした活動」を禁じておけば、新聞、雑誌、放送局などは政府に反対ばかりせず、政府の味方になって、「公益」のために国民がなにをすべきか説明してくれるでしょう。

　表現の自由があるといっても、このような制限があるのですから、みなさんも、政府にさからうような行動は、すべてつつしんだほうがよいのです。

◆個人より家族を大切にしてもらいます

　いまの憲法の二十四条は〈**婚姻は、両性の合意のみに基いて成立し、夫婦が同等の権利**

を有することを基本として、相互の協力により、維持されなければならない〉とさだめています。男女は平等で、結婚はふたりだけで決めていいという意味です。

このような条文がつくられたのは、戦前の日本は男尊女卑の国で、妻にはなんの権利もなかったからです。男女平等の原則は、これからも変わりません。

しかし、「相互の協力」が必要なのは、夫婦のあいだだけなのでしょうか。協力しあわなければならないのは、家族みんなにとっておなじでしょう。ことに近ごろでは、離婚がふえたり、子どもの虐待が問題になるなど、「家族のきずな」がうしなわれています。いきすぎた男女平等のおかげで、父親の権威（えらさ）がうすれているのも問題です。

そこで憲法草案の二十四条は「両性の平等」を「家族、婚姻等に関する基本原則」とあらため、あたらしい条文をもうけました。〈**家族は、社会の自然かつ基礎的な単位として、尊重される。家族は、互いに助け合わなければならない**〉というものです。

この条文ができますと、家族全員のことを考えなくてはいけなくなります。好きだからといって、親が反対する相手と結婚していいのか。子どもを保育園にあずけて、母親がつとめに出ていいのか。親を施設にいれて、介護を他人まかせにしていいのか。愛がさめたからといって、離婚していいのか。国民はよく考えなくてはいけなくなるでしょう。

みなが家族のために尽くせば、保育や介護は家族の責任になりますので、保育園や介護施設を国の責任でつくる必要はなくなります。生活がくるしい人のための生活保護も、親類縁者をさがしだし、援助ができる人がひとりでもいれば、国はお金を出さなくてすみます。憲法草案は財政の健全性もうたっていますので（八十三条）、あたらしい二十四条とくみあわせれば、国

家族のきずなが
大切です

の福祉予算は大幅にけずることができるのです。

日本は伝統的に家族をたいせつにし、なにごとも家族を中心に考える国でした。にもかかわらず、戦後の日本は、個人主義のおかげで家族をないがしろにしてきたのです。あたらしい二十四条ができれば、日本の家族はむかしのような強いきずなをとりもどすことでしょう。

◆国が英霊を弔うこともできるようになります

あたらしい憲法草案は、自由をなにもかも制限しているようにみえるかもしれません。

しかし、自由のはんいがひろがった項目もあるのです。

たとえば「信教の自由」（二十条）です。いまの二十条は「国や地方自治体は、宗教的活動をしてはならない」とさだめています。このきまりは「政教分離《せいきょうぶんり》」といって、いまの憲法がとくにこだわってきた原則です。といいますのも、戦時中の日本は神道をとくべつあつかいし、天皇を神とあがめる宗教（これを「国家神道」といいます）を国民におしつけて、神道以外の宗教の人につらい思いをさせてしまったためです。

でも、それはむかしのはなしです。政治家が、英霊（国のために死んでくれた兵士）をまつった靖国神社を参拝することに、いまも反対する人がいるのはおかしなはなしです。このさき国防軍ができて、兵士に死者が出たようなばあい、国は英霊を弔《とむら》わなくてよいのでしょうか。政教分離の原則は、このような国の行為をさまたげる条文なのです。

ですので、国防軍ができる将来もみこして、二十条には**〈ただし、社会的儀礼又は習俗的行為の範囲を超えないものについては、この限りでない〉**とつけたされました。こう書かれていれば、国は英霊をきちんと弔うことができますし、靖国神社を国営にすることも不可能ではありません。政治家と神社のつながりを悪くいう人もへるでしょう。

「職業選択の自由」(二十二条)も、**〈公共の福祉に反しない限り〉**をけずって**〈何人も、居住、移転及び職業選択の自由を有する〉**だけになりました。仕事や住む場所は、だれでも無制限にえらべるのです。ですが、ほんとうに好きなところに住めるのはお金持ちだけでしょうし、ほんとうに好きな仕事ができるのは高い能力をもつ人だけでしょう。このような人びとは、国の役にたってくれるかもしれませんので、優遇(ひいきすること)したほうがよいのです。

◆国民の義務がふえます

いままでの憲法で、国民がまもらなければならない義務はたった三つだけでした。勤労の義務(二十七条)、納税の義務(三十条)、教育をうけさせる義務(二十六条)です。国民は、おとなになったらちゃんとはたらき、税金をおさめて、自分の子どもなどに義務教育をうけさせなければならない。国の一員である国民の義務が、たったこれだけでよいのでしょうか。国民は国にたいして、もっとつくすべきはないでしょうか。

そのため憲法草案では、国民の義務がふやされています。**〈国と郷土を誇りと気概を持って自ら守〉**る(前文)、**〈国旗及び国歌を尊重しなければならない〉**(三条)、**〈領土、領海及び領空を保全し、その資源を確保しなければならない〉**(九条)、**〈常に公益及び公の秩序に反してはならない〉**(十二条)、**〈個人に関する情報を不当に取得し、保有し、又は利用してはならない〉**(十九条)、**〈家族は、互いに助け合わなければならない〉**(二十四条)、**〈良好な環境を享受することが**

できるようにその保全に努めなければならない〉（二十五条）。**〈住民は、その属する地方自治体の**（略）**負担を公平に分担する義務を負う〉**（九十二条）などです。また、緊急事態のさいに国にしたがう義務（九十九条）、憲法をまもる義務（百二条）も、あたらしくもうけられました（このことについてはつぎの章でくわしくおはなしします）。

みなさん、憲法草案で基本的人権がどう変わるか、おわかりになったでしょう。なんでもかんでも自由にできた、勝手気ままな国では、もうなくなるということです。

はたしてそれは、国民にとって不幸なことでしょうか。

いいえ、そうではありません。人権を制限すれば、国を危機におとしいれる人はへり、国の仕事は早くすすみますので、国民はむしろくらしやすくなるでしょう。

また、みなさんに考えてもらいたいのは「真の自由」とはなにかということです。これまでの憲法は、たくさんの権利や自由をみとめていましたが、国民がそれを十分に生かしていたとはいえません。鳥が自由に空を飛べるのは、空気の抵抗があるからです。人間もおなじで、自由すぎると、かえってなにもできなくなってしまうのです。

国をつかさどる大きな仕事にくらべたら、個人の権利などは小さな問題です。これからは、国のために国民みんなが努力して、よりよい国をつくろうではありませんか。

五　強く美しい国へ

◆危機にそなえた「緊急事態条項」をもうけます

ここまで、憲法草案のあたらしい三原則（国民主権の縮小・戦争放棄の放棄・基本的人権の制限）についておはなししてきました。日本がいつ他の国からせめられてもいいよう、国防軍がどんな戦争にでも参加できるよう、そして国民がよからぬ考えをもたぬよう、憲法草案がさまざまな工夫をこらしていることがおわかりになったでしょう。

しかし、みなさん、これだけで国の安全がまもれると思ったら大まちがいです。国家存亡の危機は、いつなんどき、どんなかたちで訪れぬともかぎらないのです。

そんな日がいつきてもいいように、憲法草案は最強の条項をもうけました。「緊急事態条項」とよばれる九十八条と九十九条です。

九十八条「緊急事態の宣言」はこんな条文です。〈**内閣総理大臣は、我が国に対する外部からの武力攻撃、内乱等による社会秩序の混乱、地震等による大規模な自然災害その他の法律で定める緊急事態において、特に必要があると認めるときは、法律の定めるところにより、閣議にかけて、緊急事態の宣言を発することができる**〉

緊急事態というのは、国が重大な危機に直面したときのことです。

いまの憲法に、このような規定はありません。緊急事態条項というのは、たいそう強い内容ですので、戦前の反省もふまえ、いまの憲法をつくった人びとは「それだけはやめておこう」と考えたのです。憲法草案の九十八条は戦争、内乱、災害の三つの例をあげていますが、いまの日本では、国外からのこうげきには武力攻撃事態法、内乱には警察法や自衛隊法、自然災害には災害対策基本法などで対処することになっています。

それなのに、あえてあたらしい条項をもうけたのはなぜでしょうか。

それは、このさき、日本がいままで以上に重大な危機に直面するかもしれないからです。国防軍が世界じゅうに行けるようになると、敵がふえますので、日本国内でもテロの危険性が上がります。政府に不信をもつ国民がさわぎをおこすことも考えられます。こんなときには、強い力で国民を圧したほうがよいのです。また、大地震などの自然災害のときは、国民がパニックになりやすいので、強い力を使って、国民をおとなしくさせたほうがよいのです。

◆緊急事態には、内閣がリーダーシップをはっきりします

では、緊急事態のとき、政府はどんな強い力を使えるのでしょうか。それについては、つぎの九十九条「緊急事態の宣言の効果」に書かれています。

〈緊急事態の宣言が発せられたときは、法律の定めるところにより、内閣は法律と同一の効力を有する政令を制定することができるほか、内閣総理大臣は財政上必要な支出その他の処分を行い、地方自治体の長に対して必要な指示をすることができる〉

内閣は国会を無視して、自由に法律（とおなじ効力をもつ政令）がつくれます。予算も自由に使うことができますし、知事や市区町村長に指示（命令）も出せます。

つまり、緊急事態だとさえいえば、憲法できまっていることも、内閣がかるがるとふみこえることができるのです。緊急事態を憲法のなかで予定するのですから、こうしておけば、内閣がなにをやっても、憲法違反だといわれなくてすむのです。

◆国民も、国と一体になって事態に立ち向かいます

緊急事態のときは、国民の生活も大きく制限されます。

〈緊急事態の宣言が発せられた場合には、何人も、法律の定めるところにより、当該宣言に係る事態において国民の生命、身体及び財産を守るために行われる措置に関して発せられる国その他公の機関の指示に従わなければならない〉（九十九条）

これまでの法律は、緊急事態のときでも強制力がないため、国民に協力を「お願い」することしかできませんでした。それでは困るので、緊急事態条項がもうけられたのです。

緊急事態宣言が出たら、みなさんは政府の指示（命令）にしたがわなければなりません。人権は制限されるか、停止されるでしょう。九十九条には**〈基本的人権に関する規定は、最大限に尊重されなければならない〉**とも書かれていますが、これは基本的人権をいったん「なし」にして、でも、尊重できるときはしますが、という意味です。

法のもとの平等（十四条）、奴隷的拘束の禁止（十八条）、思想良心の自由（十九条）、信教の自由（二十条）、居住・移転の自由（二十二条）、学問の自由（二十三条）、健康で文化的な最低限度の生活を営む権利（二十五条）、教育を受ける権利（二十六条）、その他もろもろの自由や権利は、すべて制限されるかくごが必要です。

表現の自由（二十一条）はまっさきに規制されるでしょう。まえにも申しましたように、表現活動は、もともと国の安定をそこねる元凶なのです。政府が「緊急時の活動をさまたげる報道やインターネットの情報は規制する」という政令を出せば、情報はすぐ遮断《しゃだん》され、国民は情報にアクセスできなくなります。ですが、それがなんだというのでしょう。非常時には、そのくらいの不自由はがまんして、国の命令にしたがうのが国民の責務ではありませんか。

◆緊急事態宣言は必要におうじて出せます

このように緊急事態条項は、強い力をもった内容ですので、よほどでなくては出せません。と思うでしょう。ですが、そうでもないのです。

九十八条の条文をもう一度みてください。そこには〈**特に必要があると認めるときは、法律の定めるところにより、閣議にかけて、緊急事態の宣言を発することができる**〉と書かれています。このさき、どんな緊急事態が起こるかわからないのですから、法律で条件をこまかくきめる必要はないでしょう。「必要があるとみとめる」のは、総理大臣の判断です。

つまり「緊急事態の宣言をしよう」といって閣議で決定されれば、いつ、どんなときにも、総理大臣の考えひとつで、緊急事態宣言は出せるのです。

九十八条には〈**事前又は事後に国会の承認を得なければならない**〉と書かれていますので、国会のゆるしは「事後承諾（あとから許可してもらうこと）」でよいのです。〈**百日を超えて緊急事態の宣言を継続しようとするときは、百日を超えるごとに、事前に国会の承認を得なければならない**〉ともありますから、百日までなら、内閣の判断だけで緊急事態はつづけることができ

ますし、国会を味方につければ、いつまでもつづけられます。

このようなやり方は、「国権の最高機関」である国会を軽くみた独裁政治だという人がいます。なにを寝ぼけたことをいっているのでしょう。

国内にミサイルが落ちて大火災がおきているとき、テロで人がつぎつぎ死んでいるとき、暴動がおきて国が混乱におちいっているとき、国会で議論しているひまがあるでしょうか。国民の人権ごときにかまっていられるでしょうか。民主主義は平和なときはいいかもしれませんが、非常時にはじゃまなだけで、ひとつもいいことはないのです。

また、緊急事態条項は国民への命令をふくむ強い条項ですので、これを徹底させるには、政府をバックアップして国民をだまらせる強い力が必要です。そこでかつやくするのが「三」でおはなしした国防軍なのです。

戦前の日本でも、日露戦争後の日比谷焼き討ち事件（明治三十八年）、関東大震災（大正十二年）、二・二六事件（昭和十一年）のさいに、緊急事態宣言に似た「戒厳《かいげん》」という措置がとられ、軍隊がかつやくして国民をきびしくとりしまりました。

憲法草案の三原則が「日ごろのそなえ」だとしたら、緊急事態条項は「いざというときの切り札」です。この両面からのまもりで、日本はますます強い国になるのです。

◆憲法が改正しやすくなります

あたらしい憲法草案では、ほかにも大きな変更点がいくつかあります。

最初におはなししたように、いままで憲法は改正するのがたいへん困難でした。**〈各議院の総議員の三分の二以上の賛成で、国会が、これを発議し〉**、なおかつ国民投票で**〈過半数の賛成を必要とする〉**（九十六条）ときめられていたからです。

あたらしい憲法草案は、憲法改正の条件を変更して、**〈両議院のそれぞれの総議員の過半数の賛成で国会が議決し〉**、かつ**〈国民の投票において有効投票の過半数の賛成を必要とする〉**（百条）ということになりました。

三分の二以上から過半数に条件をゆるめると、憲法はずいぶん変えやすくなります。

なぜ憲法を変えやすくするのでしょうか。それは国民の意思を憲法に反映しやすくするためです。世界じゅうの憲法で、改正がこれほどむずかしい憲法はありません。外国の考えでつくられた憲法を、日本国民の手にとりもどすには、改正の条件をゆるめて、一日も早く憲法を改正したほうがよいのです。もう待ってはいられないのです。

憲法改正は、ぜんぶいっぺんにではなく、ひとつひとつの条文ごとに国会で議論し、国民投票をするのです。平成十九年（二〇〇七年）には、憲法を改正する手続きの法律（国民投票法）が成立しましたので、国会で発議できれば、いつでも国民投票にかけられます。

では、憲法はどこから変えるのがよいでしょうか。自民党の人たちは草案の九十八条と九十九条、すなわち「緊急事態条項」からはじめたいと考えているようです。

これはたいへんりっぱな判断です。緊急事態条項は、国会を無視し、自治体の長を支配下におき、人権を制限し、民主主義のルールをはずすという、強力なリーダーシップをはっきりするための条項です。国の力をみせつけるのに、これほどふさわしい条項はないでしょう。

◆「立憲主義」の考えかたを日本式にあらためます

国民の義務がふえることは、すでに「四」でおはなししました。あたらしい義務のなかでも、とくに重要な義務についておはなししましょう。

いまの憲法は〈**天皇又は摂政及び国務大臣、国会議員、裁判官その他の公務員は、この憲法を尊重し擁護する義務を負ふ**〉（九十九条）とさだめています。

みなさん、これはいったい、どういう意味でしょう。

「天皇又は摂政及び国務大臣、国会議員、裁判官その他の公務員」というのは、国の代表者や国の仕事をする人、つまり「国家権力」です。憲法をまもる義務があるのは、国民ではなくて、国（権力）の側だったのです。

憲法で国家権力をしばる。憲法は国民から権力にむけられた命令である。このような考えかたを「立憲主義《りっけんしゅぎ》」といいます。立憲主義は、すべての国の憲法に共通した原則です。

しかし、あたらしい憲法草案では、この原則が逆転いたしました。

〈全て国民は、この憲法を尊重しなければならない〉（百二条）

世界じゅうの憲法で、こんな条文をもつ憲法はほかにありません。ですので、憲法学者をはじめ、おおくの人が「それはまちがっている」といいました。

ですが、みなさん、それは日本ではなく、他の国がまちがっているのです。

国の最高法規である憲法を、国民がまもらなくてよいなど、おかしいではありませんか。民のくせに国のリーダーに命令するなど、おこがましいではありませんか。その証拠に、『あたらしい憲法のはなし』にも、最初に「昭和二十二年五月三日から、私たち日本国民は、この憲法を守ってゆくことになりました」と書いてあるではありませんか。日本は、もともとこういう考えかたの国だったのです。いまさら「ほんとうの立憲主義は権力をしばるものです」と説明されても、だれも信じません。

もちろん憲法は大切な最高法規ですから、**〈国会議員、国務大臣、裁判官その他の公務員は、この憲法を擁護する義務を負う〉**という一文はのこしましたが（天皇と摂政は政治の外にいる方ですのではずしました）、草案の百二条には国と民が一丸となって、よりよい国をつくろうというねがいがこめられているのです。これが日本独自の、日本の歴史と伝統をふまえた、日本式の「立憲主義」なのです。憲法学者なんかのいうことをきく必要はないのです。

憲法を守る人
Before
After

◆強く美しい国をめざします

さあ、みなさん、自由民主党の憲法改正草案が、どんなものか、どんな考えかたでつくられたか、すっかりおわかりになったことでしょう。

憲法はたんなる法律ではなく、国のかたちや理想を示すものです。

昭和二十一年（一九四六年）にできたいまの憲法は、外国の意見をとりいれてつくられたため、日本人の体質とずれていました。よく日本には民主主義が根づいていないといわれますが、それは憲法が国民性に合っていなかったためなのです。

いまの憲法は、西洋式に「国家と個人は敵対する」という考えでつくられました。自民党の憲法草案はちがいます。国民は国に忠誠をちかい、国は国民をまもる。国家と国民がたがいに協力しあってよい国をつくろうという、家族的な国家をめざしているのです。

それは全体主義だという人がいますが、この憲法草案のどこが全体主義なのでしょうか。強いリーダーがひきいる統制のとれたチームと、いちいちみなで相談しなければ先にすすまない、めんどうなチームと、みなさんはどちらに入りたいでしょうか。この草案が理想とするのは「強く美しい国」なのです。それがあるべき日本のすがたなのです。

憲法を変えるということは、国のかたちを変えることです。そうして一度、国のかたちが変わったら、もとにもどすのは困難です。憲法は変えやすくなるのだから、いやならまた変えればよいと思うかもしれません。それはまったくまちがいです。

この憲法草案がほんとうの憲法になったら、いろいろな人の意見をきいて、なにがよいかを国民みんなできめるという政治のやりかたではなくなるからです。国民主権は縮小され、基本的人権は制限され、情報は統制されますので、政府に反対する意見は日本から消え、国民は政府によろこんでしたがうほかなくなるでしょう。

「強く美しい国」は、国外の敵（日本をこうげきしてくる国）と勇敢に戦い、国内の敵（政府に反抗的な人びと）を強い力でだんあつしなければ、つくれません。ですから憲法の三原則を変更し、国防軍をつくって、緊急事態条項をもうけたのです。

ここでおはなしした以外にも、憲法草案にはおおくの変更があります。自民党の人たちは強い意志とかくごをもって、この草案をつくったのです。みなさんも、二度と引きかえせない道にふみだすのだ、というかくごで、よくお考えください。勇気をもって憲法を改正すれば、みなさんも「強く美しい国」の一員になれるのです。

おわり

資料① 『あたらしい憲法のはなし』（抄録）

資料② 自民党憲法改正草案（現行憲法対照）

あたらしい憲法のはなし（抄録）

文部省

一　憲法

みなさん、あたらしい憲法ができました。そうして昭和二十二年五月三日から、私たち日本国民は、この憲法を守ってゆくことになりました。このあたらしい憲法をこしらえるために、たくさんの人々が、たいへん苦心をなさいました。ところでみなさんは、憲法というものはどんなものかごぞんじですか。じぶんの身にかかわりのないことのようにおもっている人はないでしょうか。もしそうならば、それは大きなまちがいです。

国の仕事は、一日も休むことはできません。また、国を治めてゆく仕事のやりかたは、はっきりときめておかなければなりません。そのためには、いろいろ規則がいるのです。この規則はたくさんありますが、そのうちで、いちばん大事な規則が憲法です。

国をどういうふうに治め、国の仕事をどういうふうにやってゆくかということをきめた、いちばん根本になっている規則が憲法です。もしみなさんの家の柱がなくなったとしたらどうでしょう。家はたちまちたおれてしまうでしょう。いま国を家にたとえると、ちょうど柱にあたるものが憲法です。もし憲法がなければ、国の中におおぜいの人がいても、どうして国を治めてゆくかということがわかりません。それでどこの国でも、憲法をいちばん大事な規則として、これをたいせつに守ってゆくのです。国でいちばん大事な規則は、いいかえれば、いちばん高い位にある規則ですから、これを国の「最高法規」というのです。

ところがこの憲法には、いまおはなししたように、国の仕事のやりかたのほかに、もう一つ大事なことが書いてあるのです。それは国民の権利のことです。この権利のことは、あとでくわしくおはなししますから、ここではただ、なぜそれが、国の仕事のやりかたをきめた規則と同じように大事であるか、ということだけをおはなししておきましょう。

みなさんは日本国民のうちのひとりです。国民のひとりひとりが、かしこくなり、強くならなければ、国民ぜんたいがかしこく、また、強くなれません。国の力のもとは、ひとりひとりの国民にあります。そこで国は、この国民のひとりひとりの力をはっきりとみとめて、しっかりと守ってゆくのです。そのために、国民のひとりひとりに、いろいろ大事な権利があることを、憲法できめているのです。この国民の大事な権利のことを「基本的人権」というのです。これも憲法の中に書いてあるのです。

そこでもういちど、憲法とはどういうものであるかということを申しておきます。憲法とは、国でいちばん大事な規則、すなわち「最高法規」というもので、その中には、だいたい二つのことが記されています。その一つは、国の治めかた、国の仕事のやりかたをきめた規則です。もう一つは、国民のいちばん大事な権利、すなわち「基本的人権」をきめた規則です。このほかにまた憲法は、その必要により、いろいろのことをきめることがあります。こんどの憲法にも、あとでおはなしするように、これからは戦争をけっしてしないという、たいせつなことがきめられています。

これまであった憲法は、明治二十二年にできたもので、これは明治天皇がおつくりになって、国民にあたえられたものです。しかし、こんどのあたらしい憲法は、日本国民がじぶんでつくったもので、日本国民ぜんたいの意見で、自由につくられたものであります。この国民ぜんたいの意見を知るために、昭和二十一年四月十日に総選挙が行われ、あたらしい国民の代表がえらばれて、その人々がこの憲法をつくったのです。それで、あたらしい憲法は、国民ぜんたいでつくったということになるのです。

みなさんも日本国民のひとりです。そうすれば、この憲法は、みなさんのつくったものです。みなさんは、じぶんでつくったものを、大事になさるでしょう。こんどの憲法は、みなさんをふくめた国民ぜんたいのつくったものであり、国でいちばん大事な規則であるとするならば、みなさんは、国民のひとりとして、しっかりとこの憲法を守ってゆかなければなりません。そのためには、まずこの憲法に、どういうことが書いてあるかを、はっきりと知らなければなりません。

みなさんが、何かゲームのために規則のようなものをきめるときに、みんないっしょに書いてしまっては、わかりにくいでしょう。国の規則もそれと同じで、一つひとつ事柄にしたがって分けて書き、それに番号をつけて、第何条、第何条というように順々に記します。こんどの憲法は、第一条から第百三条まであります。そうしてそのほかに、前書が、いちばんはじめにつけてあります。これを「前文」といいます。

この前文には、だれがこの憲法をつくったかということや、どんな考えでこの憲法の規則ができているかということなどが記されています。この前文というものは、二つのはたらきをするのです。その一つは、みなさんが憲法をよんで、その意味を知ろうとするときに、手びきになることです。つまりこんどの憲法は、この前文に記されたような考えからできたものですから、前文にある考えと、ちがったふうに考えてはならないということです。もう一つのはたらきは、これからさき、この憲法をかえるときに、この前文に記された考え方と、ちがうようなかえかたをしてはならないということです。

それなら、この前文の考えというのはなんでしょう。いちばん大事な考えが三つあります。それは、「民主主義」と「国際平和主義」と「主権在民主義」です。「主義」という言葉をつかうと、なんだかむずかしくきこえますけれども、少しもむずかしく考えることはありません。主義というのは、正しいと思う、もののやりかたのことです。それでみなさんは、この三つのことを知らなければなりません。まず「民主主義」からおはなししましょう。

二　民主主義とは

こんどの憲法の根本となっている考えの第一は民主主義です。ところで民主主義とは、いったいどういうことでしょう。みなさんはこのことばを、ほうぼうできいたでしょう。これがあたらしい憲法の根本になっているものとすれば、みなさんは、はっきりとこれを知っておかなければなりません。しかも正しく知っておかなければなりません。

みなさんがおおぜいあつまって、いっしょに何かするときのことを考えてごらんなさい。だれの意見で物事をきめますか。もしもみんなの意見が同じなら、もんだいはありません。もし意見が分かれたときは、どうしますか。ひとりの意見できめますか。二人の意見できめますか。それともおおぜいの意見できめますか。どれがよいでしょう。ひとりの意見が、正しくすぐれていて、おおぜいの意見がまちがっておとっていることもあります。しかし、そのはんたいのことがもっと多いでしょう。そこで、まずみんなが十分にじぶんの考えをはなしあったあとで、おおぜいの意見で物事をきめてゆくのが、いちばんまちがいがないということになります。そうして、あとの人は、このおおぜいの人の意見に、すなおにしたがってゆくのがよいのです。このなるべくおおぜいの人の意見で、物事をきめてゆくことが、民主主義のやりかたです。

国を治めてゆくのもこれと同じです。わずかの人の意見で国を治めてゆくのは、よくないのです。国民ぜんたいの意見で、国を治めてゆくのがいちばんよいのです。つまり国民ぜんたいが、国を治めてゆく――これが民主主義の治めかたです。

しかし国は、みなさんの学級とはちがいます。国民ぜんたいが、ひとところにあつまって、そうだんすることはできません。ひとりひとりの意見をきいてまわることもできません。そこで、みんなの代わりになって、国の仕事のやりかたをきめるものがなければなりません。それが国会です。国民が、国会の議員を選挙するのは、じぶんの代わりになって、国を治めてゆく者をえらぶのです。だから国会では、なんでも、国民の代わりである議員のおおぜいの意見で物事をきめます。そうしてほかの議員は、これにしたがいます。これが国民ぜんたいの意見で物事をきめたことになるのです。これが民主主義です。ですから、民主主義とは、国民ぜんたいで、国を治めてゆくことです。みんなの意見で物事をきめてゆくのが、いちばんまちがいがすくないのです。だから民主主義で国を治めてゆけば、みなさんは幸福になり、また国もさかえてゆくでしょう。

国は大きいので、このように国の仕事を国会の議員にまかせてきめてゆきますから、国会は国民の代わりになるものです。この「代わりになる」ということを「代表」といいます。まえに申しましたように、民主主義は、国民ぜんたいで国を治めてゆくことですが、国会が国民ぜんたいを代表して、国のことをきめてゆきますから、これを「代表制民主主義」のやりかたといいます。

しかしいちばん大事なことは、国会にまかせておかないで、国民が、じぶんで意見をきめることがあります。こんどの憲法でも、たとえばこの憲法をかえるときは、国会だけできめないで、国民ひとりひとりが、賛成か反対かを投票してきめることになっています。このときは、国民が直接に国のことをきめますから、これを「直接民主主義」のやりかたといいます。あたらしい憲法は、代表制民主主義と直接民主主義と、二つのやりかたで国を治めてゆくことにしていますが、代表制民主主義のやりかたのほうが、おもになっていて、直接民主主義のやりかたは、いちばん大事なことにかぎられているのです。だからこんどの憲法は、だいたい代表制民主主義のやりかたになっているといってもよいのです。

みなさんは日本国民のひとりです。しかしまだこどもです。国のことは、みなさんが二十歳になって、はじめてきめてゆくことができるのです。国会の議員をえらぶのも、国のことについて投票するのも、みなさんが二十歳になってはじめてできることです。みなさんのおにいさんや、おねえさんには、二十歳以上の方もおいででしょう。そのおにいさんやおねえさんが、選挙の投票にゆかれるのをみて、みなさんはどんな気がしましたか。いまのうちに、よく勉強して、国を治めることや、憲法のことなどを、よく知っておいてください。もうすぐみなさんも、おにいさんやおねえさんといっしょに、国のことを、じぶんできめてゆくことができるのです。みなさんの考えとはたらきで国が治まってゆくのです。みんながなかよく、じぶんで、じぶんの国のことをやってゆくくらい、たのしいことはありません。これが民主主義というものです。

三　国際平和主義

国の中で、国民ぜんたいで、物事をきめてゆくことを、民主主義といいましたが、国民の意見は、人によってずいぶんちがっています。しかし、おおぜいのほうの意見に、すなおにしたがってゆき、またそのおおぜいのほうも、すくないほうの意見をよくきいてじぶんの意見をきめ、みんなが、なかよく国の仕事をやってゆくのでなければ、民主主義のやりかたは、なりたたないのです。

これは、一つの国について申しましたが、国と国との間のことも同じことです。じぶんの国のことばかりを考え、じぶんの国のためばかりを考えて、ほかの国の立場を考えないでは、世界中の国が、なかよくしてゆくことはできません。世界中の国が、いくさをしないで、なかよくやってゆくことを、国際平和主義といいます。だから民主主義ということは、この国際平和主義と、たいへんふかい関係があるのです。こんどの憲法で民主主義のやりかたをきめたからには、またほかの国にたいしても国際平和主義でやってゆくということになるのは、あたりまえであります。この国際平和主義をわすれて、じぶんの国のことばかり考えていたので、とうとう戦争をはじめてしまったのです。そこであたらしい憲法では、前文の中に、これからは、この国際平和主義でやってゆくということを、力強いことばで書いてあります。またこの考えが、あとでのべる戦争の放棄、すなわち、これからは、いっさい、いくさはしないということをきめることになってゆくのであります。

四　主権在民主義

みなさんがあつまって、だれがいちばんえらいかをきめてごらんなさい。いったい「いちばんえらい」というのは、どういうことでしょう。勉強のよくできることでしょうか。それとも力の強いことでしょうか。いろいろきめかたがあってむずかしいことです。

国では、だれが「いちばんえらい」といえるでしょう。もし国の仕事が、ひとりの考えできまるならば、そのひとりが、いちばんえらいといわなければなりません。もしおおぜいの考えできまるなら、そのおおぜいが、みないちばんえらいことになります。もし国民ぜんたいの考えできまるならば、国民ぜんたいが、いちばんえらいのです。こんどの憲法は、民主主義の憲法ですから、国民ぜんたいの考えで国を治めてゆきます。そうすると、国民ぜんたいがいちばん、えらいといわなければなりません。

国を治めてゆく力のことを「主権」といいますが、この力が国民ぜんたいにあれば、これを「主権は国民にある」といいます。こんどの憲法は、いま申しましたように、民主主義を根本の考えとしていますから、主権は、とうぜん日本国民にあるわけです。そこで前文の中にも、また憲法の第一条にも、「主権が国民に存する」とはっきりかいてあるのです。主権が国民にあることを、「主権在民」といいます。あたらしい憲法は、主権在民という考えでできていますから、主権在民主義の憲法であるということになるのです。

みなさんは、日本国民のひとりです。主権をもっている日本国民のひとりです。しかし、主権は日本国民ぜんたいにあるのです。ひとりひとりが、べつべつにもっているのではありません。ひとりひとりが、みなじぶんがいちばんえらいと思って、勝手なことをしてもよいということでは、けっしてありません。それは民主主義にあわないことになります。みなさんは、主権をもっている日本国民のひとりであるということに、ほこりをもつとともに、責任を感じなければなりません。よいこどもであるとともに、よい国民でなければなりません。

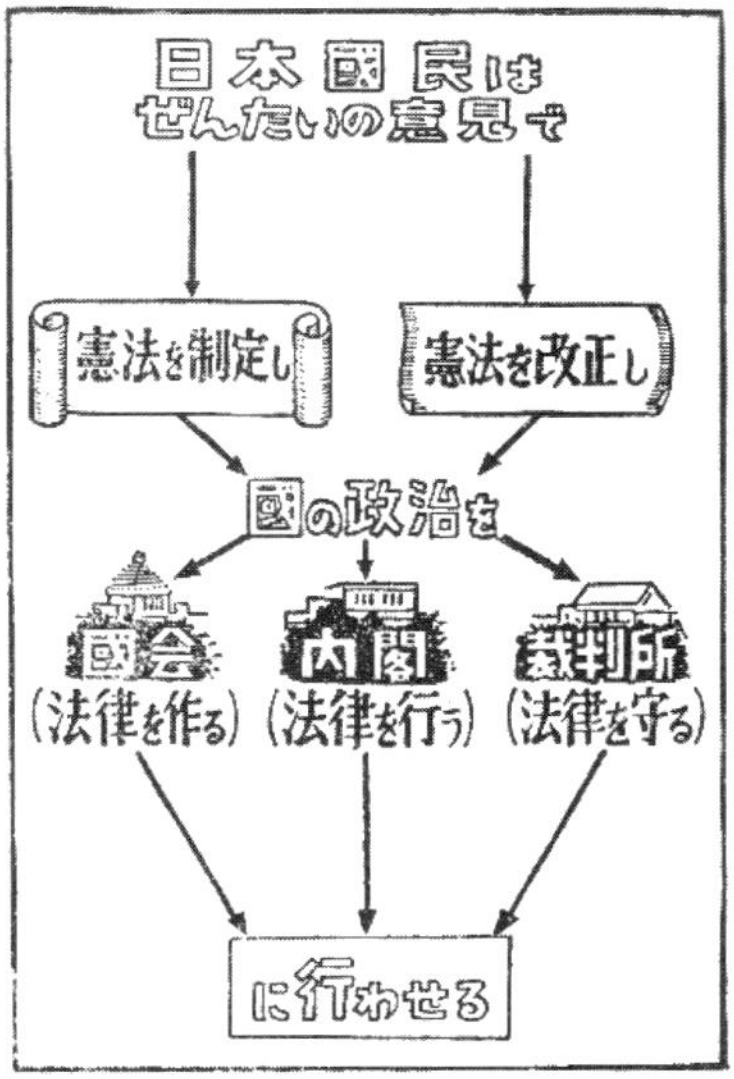

五　天皇陛下

こんどの戦争で、天皇陛下は、たいへんごくろうをなさいました。なぜならば、古い憲法では、天皇をお助けして国の仕事をした人々は、国民ぜんたいがえらんだものでなかったので、国民の考えとはなれて、とうとう戦争になったからです。そこで、これからさき国を治めてゆくについて、二度とこのようなことのないように、あたらしい憲法をこしらえるとき、たいへん苦心をいたしました。ですから、天皇は、憲法で定めたお仕事だけをされ、政治には関係されないことになりました。

　憲法は、天皇陛下を「象徴」としてゆくことにきめました。みなさんは、この象徴ということを、はっきり知らなければなりません。日の丸の国旗を見れば、日本の国をおもいだすでしょう。国旗が国の代わりになって、国をあらわすからです。みなさんの学校の記章を見れば、どこの学校の生徒かがわかるでしょう。記章が学校の代わりになって、学校をあらわすからです。いまここに何か眼に見えるものがあって、ほかの眼に見えないものの代わりになって、それをあらわすときに、これを「象徴」ということばでいいあらわすのです。こんどの憲法の第一条は、天皇陛下を「日本国の象徴」としているのです。つまり天皇陛下は、日本の国をあらわされるお方ということであります。

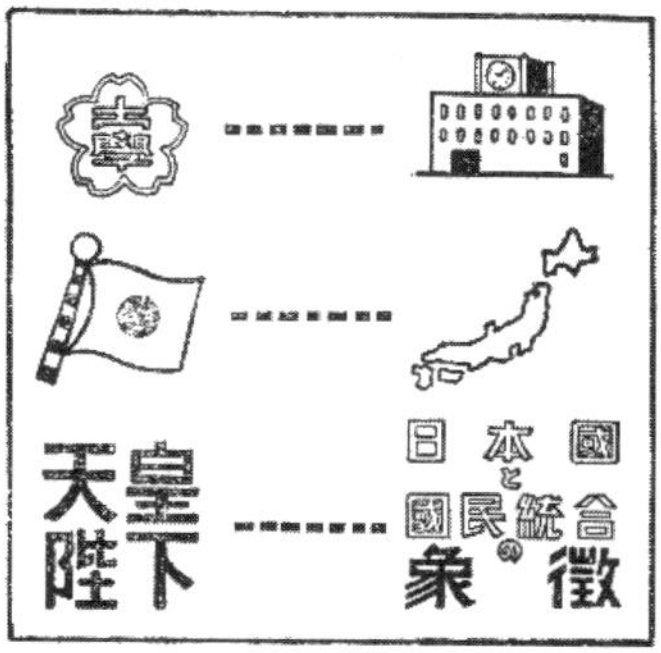

　また憲法第一条は、天皇陛下を「日本国民統合の象徴」であるとも書いてあるのです。「統合」というのは「一つにまとまっている」ということです。つまり天皇陛下は、一つにまとまった日本国民の象徴でいらっしゃいます。これは、私たち日本国民ぜんたいの中心としておいでになるお方ということなのです。それで天皇陛下は、日本国民ぜんたいをあらわされるのです。

　このような地位に天皇陛下をお置き申したのは、日本国民ぜんたいの考えにあるのです。これからさき、国を治めてゆく仕事は、みな国民がじぶんでやってゆかなければなりません。天皇陛下は、けっして神様ではありません。国民と同じような人間でいらっしゃいます。ラジオのほうそうもなさいました。小さな町のすみにもおいでになりました。ですから私たちは、天皇陛下を私たちのまん中にしっかりとお置きして、国を治めてゆくについてごくろうのないようにしなければなりません。これで憲法が天皇陛下を象徴とした意味がおわかりでしょう。

六　戦争の放棄

　みなさんの中には、こんどの戦争に、おとうさんやにいさんを送りだされた人も多いでしょう。ごぶじにおかえりになったでしょうか。それともとうとうおかえりにならなかったでしょうか。また、くうしゅうで、家やうちの人を、なくされた人も多いでしょう。いまやっと戦争はおわりました。二度とこんなおそろしい、かなしい思いをしたくないと思いませんか。こんな戦争をして、日本の国はどんな利益があったでしょうか。何もありません。ただ、おそろしい、かなしいことが、たくさんおこっただけではありませんか。戦争は人間をほろぼすことです。世の中のよいもの

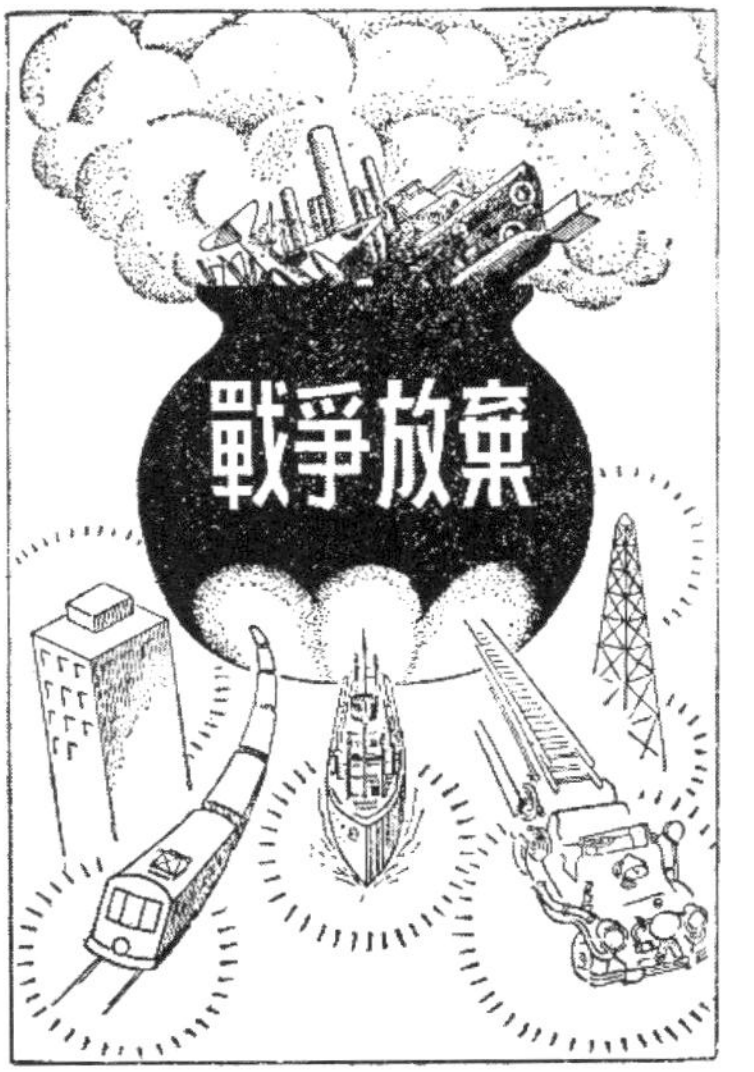

をこわすことです。だから、こんどの戦争をしかけた国には、大きな責任があるといわなければなりません。このまえの世界戦争のあとでも、もう戦争は二度とやるまいと、多くの国々ではいろいろ考えましたが、またこんな大戦争をおこしてしまったのは、まことに残念なことではありませんか。

　そこでこんどの憲法では、日本の国が、けっして二度と戦争をしないように、二つのことをきめました。その一つは、兵隊も軍艦も飛行機も、およそ戦争をするためのものは、いっさいもたないということです。これからさき日本には、陸軍も海軍も空軍もないのです。これを戦力の放棄といいます。「放棄」とは「すててしまう」ということです。しかしみなさんは、けっして心ぼそく思うことはありません。日本は正しいことを、ほかの国よりさきに行ったのです。世の中に、正しいことぐらい強いものはありません。

　もう一つは、よその国と争いごとがおこったとき、けっして戦争によって、相手をまかして、じぶんのいいぶんをとおそうとしないということをきめたのです。おだやかにそうだんをして、きまりをつけようというのです。なぜならば、いくさをしかけることは、けっきょく、じぶんの国をほろぼすようなはめになるからです。また、戦争とまでゆかずとも、国の力で、相手をおどすようなことは、いっさいしないことにきめたのです。これを戦争の放棄というのです。そうしてよその国となかよくして、世界中の国が、よい友だちになってくれるようにすれば、日本の国は、さかえてゆけるのです。

　みなさん、あのおそろしい戦争が、二度とおこらないように、また戦争を二度とおこさないようにいたしましょう。

七　基本的人権

　くうしゅうでやけたところへ行ってごらんなさい。やけただれた土から、もう草が青々とはえています。みんな生きいきとしげっています。草でさえも、力強く生きてゆくのです。ましてやみなさんは人間です。生きてゆく力があるはずです。天からさずかったしぜんの力があるのです。この力によって、人間が世の中に生きてゆくことを、だれもさまたげてはなりません。しかし人間は、草木とちがって、ただ生きてゆくというだけではなく、人間らしい生活をしてゆかなければなりません。この人間らしい生活には、必要なものが二つあります。それは「自由」ということと、

「平等」ということです。

人間がこの世に生きてゆくからには、じぶんのすきな所に住み、じぶんのすきな所に行き、じぶんの思うことをいい、じぶんのすきな教えにしたがってゆけることなどが必要です。これらのことが人間の自由であって、この自由は、けっして奪われてはなりません。また、国の力でこの自由を取りあげ、やたらに刑罰を加えたりしてはなりません。そこで憲法は、この自由は、けっして侵すことのできないものであることをきめているのです。

またわれわれは、人間である以上はみな同じです。人間の上に、もっとえらい人間があるはずはなく、人間の下に、もっといやしい人間があるわけはありません。男が女よりもすぐれ、女が男よりもおとっているということもありません。みな同じ人間であるならば、この世に生きてゆくのに、差別を受ける理由はないのです。差別のないことを「平等」といいます。そこで憲法は、自由といっしょに、この平等ということをきめているのです。

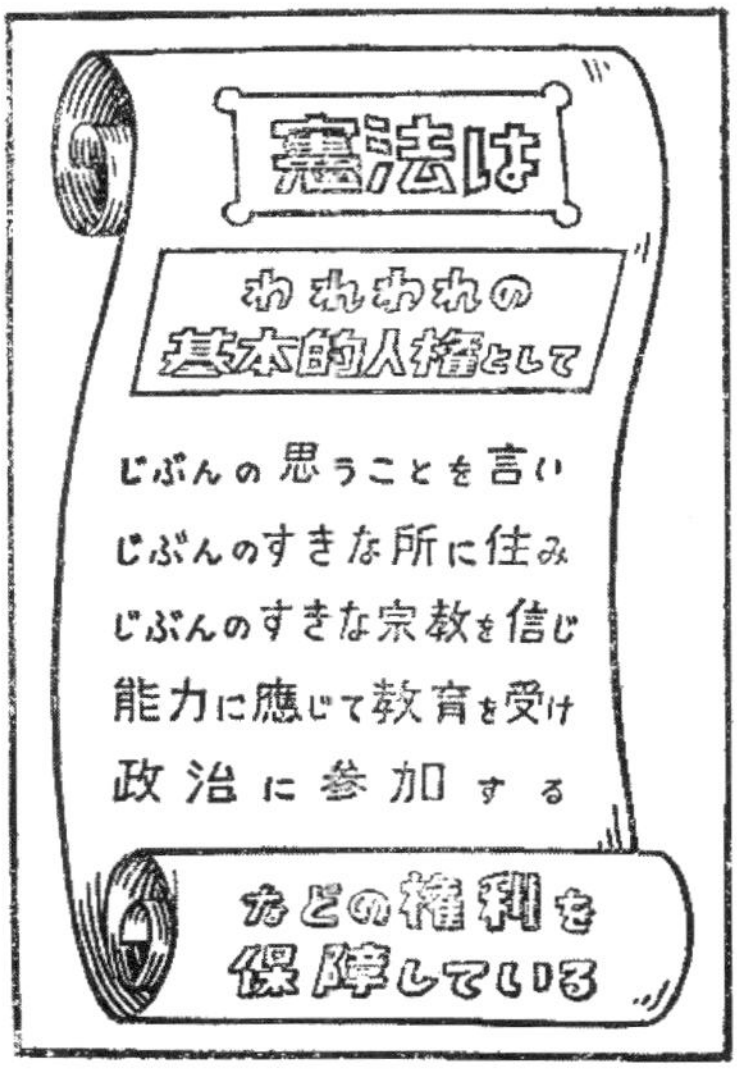

国の規則の上で、何かはっきりとできることがみとめられていることを、「権利」といいます。自由と平等とがはっきりみとめられ、これを侵されないとするならば、この自由と平等とは、みなさんの権利です。これを「自由権」というのです。しかもこれは人間のいちばん大事な権利です。このいちばん大事な人間の権利のことを「基本的人権」といいます。あたらしい憲法は、この基本的人権を、侵すことのできない永久に与えられた権利として記しているのです。これを基本的人権を「保障する」というのです。

しかし基本的人権は、ここにいった自由権だけではありません。まだほかに二つあります。自由権だけで、人間の国の中での生活がすむものではありません。たとえばみなさんは、勉強をしてよい国民にならなければなりません。国はみなさんに勉強をさせるようにしなければなりません。そこでみなさんは、教育を受ける権利を憲法で与えられているのです。この場合はみなさんのほうから、国にたいして、教育をしてもらうことを請求できるのです。これも大事な基本的人権ですが、これを「請求権」というのです。争いごとのおこったとき、国の裁判所で、公平にさばいてもらうのも、裁判を請求する権利といって、基本的人権ですが、これも請求権であります。

それからまた、国民が、国を治めることにいろいろ関係できるのも、大事な基本的人権ですが、これを「参政権」といいます。国会の議員や知事や市町村長などを選挙したり、じぶんがそういうものになったり、国や地方の大事なことについて投票したりすることは、みな参政権です。

　みなさん、いままで申しました基本的人権は大事なことですから、もういちど復習いたしましょう。みなさんは、憲法で基本的人権というりっぱな強い権利を与えられました。この権利は、三つに分かれます。第一は自由権です。第二は請求権です。第三は参政権です。

　こんなりっぱな権利を与えられましたからには、みなさんは、じぶんでしっかりとこれを守って、失わないようにしてゆかなければなりません。しかしまた、むやみにこれをふりまわして、ほかの人に迷惑をかけてはいけません。ほかの人も、みなさんと同じ権利をもっていることを、わすれてはなりません。国ぜんたいの幸福になるよう、この大事な基本的人権を守ってゆく責任があると、憲法に書いてあります。

八〜十四〈略〉

十五　最高法規

　このおはなしのいちばんはじめに申しましたように、「最高法規」とは、国でいちばん高い位にある規則で、つまり憲法のことです。この最高法規としての憲法には、国の仕事のやりかたをきめた規則と、国民の基本的人権をきめた規則と、二つあることもおはなししました。この中で、国民の基本的人権は、これまでかるく考えられていましたので、憲法第九十七条は、おごそかなことばで、この基本的人権は、人間がながいあいだ力をつくしてえたものであり、これまでいろいろのことにであってきたえあげられたものであるから、これからもけっして侵すことのできない永久の権利であると記しております。

　憲法は、国の最高法規ですから、この憲法できめられてあることにあわないものは、法律でも、命令でも、なんでも、いっさい規則としての力がありません。これも憲法がはっきりきめています。

　このように大事な憲法は、天皇陛下もこれをお守りになりますし、国務大臣も、国会の議員も、裁判官も、みなこれを守ってゆく義務があるのです。また、日本の国がほかの国ととりきめた約束（これを「条約」といいます）も、国と国とが交際してゆくについてできた規則（これを「国際法規」といいます）も、日本の国は、まごころから守ってゆくということを、憲法できめました。

　みなさん、あたらしい憲法は、日本国民がつくった、日本国民の憲法です。これからさき、この憲法を守って、日本の国がさかえるようにしてゆこうではありませんか。

おわり

青空文庫（http://www.aozora.gr.jp）収録のテキスト・図版をもとに、編集部で文字を現在の漢字にするなど一部の表記をあらためました。
底本の親本は実業教科書株式会社より一九四七年八月二日に発行されたものです。

日本国憲法改正草案

自由民主党憲法改正推進本部
（二〇一二年四月二十七日決定）

（前文）

日本国は、長い歴史と固有の文化を持ち、国民統合の象徴である天皇を戴く国家であって、国民主権の下、立法、行政及び司法の三権分立に基づいて統治される。

我が国は、先の大戦による荒廃や幾多の大災害を乗り越えて発展し、今や国際社会において重要な地位を占めており、平和主義の下、諸外国との友好関係を増進し、世界の平和と繁栄に貢献する。

日本国民は、国と郷土を誇りと気概を持って自ら守り、基本的人権を尊重するとともに、和を尊び、家族や社会全体が互いに助け合って国家を形成する。

我々は、自由と規律を重んじ、美しい国土と自然環境を守りつつ、教育や科学技術を振興し、活力ある経済活動を通じて国を成長させる。

日本国民は、良き伝統と我々の国家を末永く子孫に継承するため、ここに、この憲法を制定する。

日本国憲法

（一九四六年十一月三日公布）
（一九四七年五月三日施行）

（前文）

日本国民は、正当に選挙された国会における代表者を通じて行動し、われらとわれらの子孫のために、諸国民との協和による成果と、わが国全土にわたつて自由のもたらす恵沢を確保し、政府の行為によつて再び戦争の惨禍が起ることのないやうにすることを決意し、ここに主権が国民に存することを宣言し、この憲法を確定する。そもそも国政は、国民の厳粛な信託によるものであつて、その権威は国民に由来し、その権力は国民の代表者がこれを行使し、その福利は国民がこれを享受する。これは人類普遍の原理であり、この憲法は、かかる原理に基くものである。われらは、これに反する一切の憲法、法令及び詔勅を排除する。

日本国民は、恒久の平和を念願し、人間相互の関係を支配する崇高な理想を深く自覚するのであつて、平和を愛する諸国民の公正と信義に信頼して、われらの安全と生存を保持しようと決意した。われらは、平和を維持し、専制と隷従、圧迫と偏狭を地上から永遠に除去しようと努めてゐる国際社会において、名誉ある地位を占めたいと思ふ。われらは、全世界の国民が、ひとしく恐怖と欠乏から免かれ、平和のうちに生存する権利を有することを確認する。

第一章　天皇

第一条　天皇は、日本国の元首であり、日本国及び日本国民統合の象徴であって、その地位は、主権の存する日本国民の総意に基づく。
第二条　皇位は、世襲のものであって、国会の議決した皇室典範の定めるところにより、これを継承する。
第三条　国旗は日章旗とし、国歌は君が代とする。
2　日本国民は、国旗及び国歌を尊重しなければならない。
第四条　元号は、法律の定めるところにより、皇位の継承があったときに制定する。
第五条　天皇は、この憲法に定める国事に関する行為を行い、国政に関する権能を有しない。
第六条　天皇は、国民のために、国会の指名に基づいて内閣総理大臣を任命し、内閣の指名に基づいて最高裁判所の長である裁判官を任命する。
2　天皇は、国民のために、次に掲げる国事に関する行為を行う。

われらは、いづれの国家も、自国のことのみに専念して他国を無視してはならないのであつて、政治道徳の法則は、普遍的なものであり、この法則に従ふことは、自国の主権を維持し、他国と対等関係に立たうとする各国の責務であると信ずる。
日本国民は、国家の名誉にかけ、全力をあげてこの崇高な理想と目的を達成することを誓ふ。

第一章　天皇

第一条　天皇は、日本国の象徴であり日本国民統合の象徴であつて、この地位は、主権の存する日本国民の総意に基く。
第二条　皇位は、世襲のものであつて、国会の議決した皇室典範の定めるところにより、これを継承する。
第三条　天皇の国事に関するすべての行為には、内閣の助言と承認を必要とし、内閣が、その責任を負ふ。
第四条　天皇は、この憲法の定める国事に関する行為のみを行ひ、国政に関する権能を有しない。
2　天皇は、法律の定めるところにより、その国事に関する行為を委任することができる。
第五条　皇室典範の定めるところにより摂政を置くときは、摂政は、天皇の名でその国事に関する行為を行ふ。この場合には、前条第一項の規定を準用する。
第六条　天皇は、国会の指名に基いて、内閣総理大臣を任命する。
2　天皇は、内閣の指名に基いて、最高裁判所の長たる裁判官を任命する。

一　憲法改正、法律、政令及び条約を公布すること。
二　国会を召集すること。
三　衆議院を解散すること。
四　衆議院議員の総選挙及び参議院議員の通常選挙の施行を公示すること。
五　国務大臣及び法律の定めるその他の国の公務員の任免を認証すること。
六　大赦、特赦、減刑、刑の執行の免除及び復権を認証すること。
七　栄典を授与すること。
八　全権委任状並びに大使及び公使の信任状並びに批准書及び法律の定めるその他の外交文書を認証すること。
九　外国の大使及び公使を接受すること。
十　儀式を行うこと。

3　天皇は、法律の定めるところにより、前二項の行為を委任することができる。

4　天皇の国事に関する全ての行為には、内閣の進言を必要とし、内閣がその責任を負う。ただし、衆議院の解散については、内閣総理大臣の進言による。

5　第一項及び第二項に掲げるもののほか、天皇は、国又は地方自治体その他の公共団体が主催する式典への出席その他の公的な行為を行う。

第七条　皇室典範の定めるところにより摂政を置くときは、摂政は、天皇の名で、その国事に関する行為を行う。

2　第五条及び前条第四項の規定は、摂政について準用する。

第八条　皇室に財産を譲り渡し、又は皇室が財産を譲り受け、若

第七条　天皇は、内閣の助言と承認により、国民のために、左の国事に関する行為を行ふ。
一　憲法改正、法律、政令及び条約を公布すること。
二　国会を召集すること。
三　衆議院を解散すること。
四　国会議員の総選挙の施行を公示すること。
五　国務大臣及び法律の定めるその他の官吏の任免並びに全権委任状及び大使及び公使の信任状を認証すること。
六　大赦、特赦、減刑、刑の執行の免除及び復権を認証すること。
七　栄典を授与すること。
八　批准書及び法律の定めるその他の外交文書を認証すること。
九　外国の大使及び公使を接受すること。
十　儀式を行ふこと。

第八条　皇室に財産を譲り渡し、又は皇室が、財産を譲り受け、

しくは賜与するには、法律で定める場合を除き、国会の承認を経なければならない。

第二章　安全保障

第九条　日本国民は、正義と秩序を基調とする国際平和を誠実に希求し、国権の発動としての戦争を放棄し、武力による威嚇及び武力の行使は、国際紛争を解決する手段としては用いない。

2　前項の規定は、自衛権の発動を妨げるものではない。

第九条の二　我が国の平和と独立並びに国及び国民の安全を確保するため、内閣総理大臣を最高指揮官とする国防軍を保持する。

2　国防軍は、前項の規定による任務を遂行する際は、法律の定めるところにより、国会の承認その他の統制に服する。

3　国防軍は、第一項に規定する任務を遂行するための活動のほか、法律の定めるところにより、国際社会の平和と安全を確保するために国際的に協調して行われる活動及び公の秩序を維持し、又は国民の生命若しくは自由を守るための活動を行うことができる。

4　前二項に定めるもののほか、国防軍の組織、統制及び機密の保持に関する事項は、法律で定める。

5　国防軍に属する軍人その他の公務員がその職務の実施に伴う罪又は国防軍の機密に関する罪を犯した場合の裁判を行うため、法律の定めるところにより、国防軍に審判所を置く。この場合においては、被告人が裁判所へ上訴する権利は、保障されなければならない。

若しくは賜与することは、国会の議決に基かなければならない。

第二章　戦争の放棄

第九条　日本国民は、正義と秩序を基調とする国際平和を誠実に希求し、国権の発動たる戦争と、武力による威嚇又は武力の行使は、国際紛争を解決する手段としては、永久にこれを放棄する。

2　前項の目的を達するため、陸海空軍その他の戦力は、これを保持しない。国の交戦権は、これを認めない。

第九条の三　国は、主権と独立を守るため、国民と協力して、領土、領海及び領空を保全し、その資源を確保しなければならない。

第三章　国民の権利及び義務

第十条　日本国民の要件は、法律で定める。

第十一条　国民は、全ての基本的人権を享有する。この憲法が国民に保障する基本的人権は、侵すことのできない永久の権利である。

第十二条　この憲法が国民に保障する自由及び権利は、国民の不断の努力により、保持されなければならない。国民は、これを濫用してはならず、自由及び権利には責任及び義務が伴うことを自覚し、常に公益及び公の秩序に反してはならない。

第十三条　全て国民は、人として尊重される。生命、自由及び幸福追求に対する国民の権利については、公益及び公の秩序に反しない限り、立法その他の国政の上で、最大限に尊重されなければならない。

第十四条　全て国民は、法の下に平等であって、人種、信条、性別、障害の有無、社会的身分又は門地により、政治的、経済的又は社会的関係において、差別されない。

2　華族その他の貴族の制度は、認めない。

3　栄誉、勲章その他の栄典の授与は、現にこれを有し、又は将来これを受ける者の一代に限り、その効力を有する。

第十五条　公務員を選定し、及び罷免することは、主権の存する

第三章　国民の権利及び義務

第十条　日本国民たる要件は、法律でこれを定める。

第十一条　国民は、すべての基本的人権の享有を妨げられない。この憲法が国民に保障する基本的人権は、侵すことのできない永久の権利として、現在及び将来の国民に与へられる。

第十二条　この憲法が国民に保障する自由及び権利は、国民の不断の努力によつて、これを保持しなければならない。又、国民は、これを濫用してはならないのであつて、常に公共の福祉のためにこれを利用する責任を負ふ。

第十三条　すべて国民は、個人として尊重される。生命、自由及び幸福追求に対する国民の権利については、公共の福祉に反しない限り、立法その他の国政の上で、最大の尊重を必要とする。

第十四条　すべて国民は、法の下に平等であつて、人種、信条、性別、社会的身分又は門地により、政治的、経済的又は社会的関係において、差別されない。

2　華族その他の貴族の制度は、これを認めない。

3　栄誉、勲章その他の栄典の授与は、いかなる特権も伴はない。栄典の授与は、現にこれを有し、又は将来これを受ける者の一代に限り、その効力を有する。

国民の権利である。
2　全て公務員は、全体の奉仕者であって、一部の奉仕者ではない。
3　公務員の選定を選挙により行う場合は、日本国籍を有する成年者による普通選挙の方法による。
4　選挙における投票の秘密は、侵されない。選挙人は、その選択に関し、公的にも私的にも責任を問われない。
第十六条　何人も、損害の救済、公務員の罷免、法律、命令又は規則の制定、廃止又は改正その他の事項に関し、平穏に請願をする権利を有する。
2　請願をした者は、そのためにいかなる差別待遇も受けない。
第十七条　何人も、公務員の不法行為により損害を受けたときは、法律の定めるところにより、国又は地方自治体その他の公共団体に、その賠償を求めることができる。
第十八条　何人も、その意に反すると否とにかかわらず、社会的又は経済的関係において身体を拘束されない。
2　何人も、犯罪による処罰の場合を除いては、その意に反する苦役に服させられない。
第十九条　思想及び良心の自由は、保障する。
第十九条の二　何人も、個人に関する情報を不当に取得し、保有し、又は利用してはならない。
第二十条　信教の自由は、保障する。国は、いかなる宗教団体に対しても、特権を与えてはならない。
2　何人も、宗教上の行為、祝典、儀式又は行事に参加することを強制されない。
3　国及び地方自治体その他の公共団体は、特定の宗教のための

第十五条　公務員を選定し、及びこれを罷免することは、国民固有の権利である。
2　すべて公務員は、全体の奉仕者であつて、一部の奉仕者ではない。
3　公務員の選挙については、成年者による普通選挙を保障する。
4　すべて選挙における投票の秘密は、これを侵してはならない。選挙人は、その選択に関し公的にも私的にも責任を問はれない。
第十六条　何人も、損害の救済、公務員の罷免、法律、命令又は規則の制定、廃止又は改正その他の事項に関し、平穏に請願する権利を有し、何人も、かかる請願をしたためにいかなる差別待遇も受けない。
第十七条　何人も、公務員の不法行為により、損害を受けたときは、法律の定めるところにより、国又は公共団体に、その賠償を求めることができる。
第十八条　何人も、いかなる奴隷的拘束も受けない。又、犯罪に因る処罰の場合を除いては、その意に反する苦役に服させられない。
第十九条　思想及び良心の自由は、これを侵してはならない。
第二十条　信教の自由は、何人に対してもこれを保障する。いかなる宗教団体も、国から特権を受け、又は政治上の権力を行使してはならない。
2　何人も、宗教上の行為、祝典、儀式又は行事に参加することを強制されない。
3　国及びその機関は、宗教教育その他いかなる宗教的活動もしてはならない。

教育その他の宗教的活動をしてはならない。ただし、社会的儀礼又は習俗的行為の範囲を超えないものについては、この限りでない。

第二十一条　集会、結社及び言論、出版その他一切の表現の自由は、保障する。

2　前項の規定にかかわらず、公益及び公の秩序を害することを目的とした活動を行い、並びにそれを目的として結社をすることは、認められない。

3　検閲は、してはならない。通信の秘密は、侵してはならない。

第二十一条の二　国は、国政上の行為につき国民に説明する責務を負う。

第二十二条　何人も、居住、移転及び職業選択の自由を有する。

2　全て国民は、外国に移住し、又は国籍を離脱する自由を有する。

第二十三条　学問の自由は、保障する。

第二十四条　家族は、社会の自然かつ基礎的な単位として、尊重される。家族は、互いに助け合わなければならない。

2　婚姻は、両性の合意に基づいて成立し、夫婦が同等の権利を有することを基本として、相互の協力により、維持されなければならない。

3　家族、扶養、後見、婚姻及び離婚、財産権、相続並びに親族に関するその他の事項に関しては、法律は、個人の尊厳と両性の本質的平等に立脚して、制定されなければならない。

第二十五条　全て国民は、健康で文化的な最低限度の生活を営む権利を有する。

2　国は、国民生活のあらゆる側面において、社会福祉、社会保

第二十一条　集会、結社及び言論、出版その他一切の表現の自由は、これを保障する。

2　検閲は、これをしてはならない。通信の秘密は、これを侵してはならない。

第二十二条　何人も、公共の福祉に反しない限り、居住、移転及び職業選択の自由を有する。

2　何人も、外国に移住し、又は国籍を離脱する自由を侵されない。

第二十三条　学問の自由は、これを保障する。

第二十四条　婚姻は、両性の合意のみに基いて成立し、夫婦が同等の権利を有することを基本として、相互の協力により、維持されなければならない。

2　配偶者の選択、財産権、相続、住居の選定、離婚並びに婚姻及び家族に関するその他の事項に関しては、法律は、個人の尊厳と両性の本質的平等に立脚して、制定されなければならない。

第二十五条　すべて国民は、健康で文化的な最低限度の生活を営む権利を有する。

2　国は、すべての生活部面について、社会福祉、社会保障及び公衆衛生の向上及び増進に努めなければならない。

障及び公衆衛生の向上及び増進に努めなければならない。
第二十五条の二　国は、国民と協力して、国民が良好な環境を享受することができるようにその保全に努めなければならない。
第二十五条の三　国は、国外において緊急事態が生じたときは、在外国民の保護に努めなければならない。
第二十五条の四　国は、犯罪被害者及びその家族の人権及び処遇に配慮しなければならない。
第二十六条　全て国民は、法律の定めるところにより、その能力に応じて、等しく教育を受ける権利を有する。
2　全て国民は、法律の定めるところにより、その保護する子に普通教育を受けさせる義務を負う。義務教育は、無償とする。
3　国は、教育が国の未来を切り拓く上で欠くことのできないものであることに鑑み、教育環境の整備に努めなければならない。
第二十七条　全て国民は、勤労の権利を有し、義務を負う。
2　賃金、就業時間、休息その他の勤労条件に関する基準は、法律で定める。
3　何人も、児童を酷使してはならない。
第二十八条　勤労者の団結する権利及び団体交渉その他の団体行動をする権利は、保障する。
2　公務員については、全体の奉仕者であることに鑑み、法律の定めるところにより、前項に規定する権利の全部又は一部を制限することができる。この場合においては、公務員の勤労条件を改善するため、必要な措置が講じられなければならない。
第二十九条　財産権は、保障する。
2　財産権の内容は、公益及び公の秩序に適合するように、法律で定める。この場合において、知的財産権については、国民の

第二十六条　すべて国民は、法律の定めるところにより、その能力に応じて、ひとしく教育を受ける権利を有する。
2　すべて国民は、法律の定めるところにより、その保護する子女に普通教育を受けさせる義務を負ふ。義務教育は、これを無償とする。
第二十七条　すべて国民は、勤労の権利を有し、義務を負ふ。
2　賃金、就業時間、休息その他の勤労条件に関する基準は、法律でこれを定める。
3　児童は、これを酷使してはならない。
第二十八条　勤労者の団結する権利及び団体交渉その他の団体行動をする権利は、これを保障する。
第二十九条　財産権は、これを侵してはならない。
2　財産権の内容は、公共の福祉に適合するやうに、法律でこれを定める。

知的創造力の向上に資するように配慮しなければならない。

3　私有財産は、正当な補償の下に、公共のために用いることができる。

第三十条　国民は、法律の定めるところにより、納税の義務を負う。

第三十一条　何人も、法律の定める適正な手続によらなければ、その生命若しくは自由を奪われ、又はその他の刑罰を科せられない。

第三十二条　何人も、裁判所において裁判を受ける権利を有する。

第三十三条　何人も、現行犯として逮捕される場合を除いては、裁判官が発し、かつ、理由となっている犯罪を明示する令状によらなければ、逮捕されない。

第三十四条　何人も、正当な理由がなく、若しくは理由を直ちに告げられることなく、又は直ちに弁護人に依頼する権利を与えられることなく、抑留され、又は拘禁されない。

2　拘禁された者は、拘禁の理由を直ちに本人及びその弁護人の出席する公開の法廷で示すことを求める権利を有する。

第三十五条　何人も、正当な理由に基づいて発せられ、かつ、捜索する場所及び押収する物を明示する令状によらなければ、住居その他の場所、書類及び所持品について、侵入、捜索又は押収を受けない。ただし、第三十三条の規定により逮捕される場合は、この限りでない。

2　前項本文の規定による捜索又は押収は、裁判官が発する各別の令状によって行う。

第三十六条　公務員による拷問及び残虐な刑罰は、禁止する。

第三十七条　全て刑事事件においては、被告人は、公平な裁判所

3　私有財産は、正当な補償の下に、これを公共のために用ひることができる。

第三十条　国民は、法律の定めるところにより、納税の義務を負ふ。

第三十一条　何人も、法律の定める手続によらなければ、その生命若しくは自由を奪はれ、又はその他の刑罰を科せられない。

第三十二条　何人も、裁判所において裁判を受ける権利を奪はれない。

第三十三条　何人も、現行犯として逮捕される場合を除いては、権限を有する司法官憲が発し、且つ理由となつてゐる犯罪を明示する令状によらなければ、逮捕されない。

第三十四条　何人も、理由を直ちに告げられ、且つ、直ちに弁護人に依頼する権利を与へられなければ、抑留又は拘禁されない。又、何人も、正当な理由がなければ、拘禁されず、要求があれば、その理由は、直ちに本人及びその弁護人の出席する公開の法廷で示されなければならない。

第三十五条　何人も、その住居、書類及び所持品について、侵入、捜索及び押収を受けることのない権利は、第三十三条の場合を除いては、正当な理由に基いて発せられ、且つ捜索する場所及び押収する物を明示する令状がなければ、侵されない。

2　捜索又は押収は、権限を有する司法官憲が発する各別の令状により、これを行ふ。

第三十六条　公務員による拷問及び残虐な刑罰は、絶対にこれを禁ずる。

第三十七条　すべて刑事事件においては、被告人は、公平な裁判

の迅速な公開裁判を受ける権利を有する。

2　被告人は、全ての証人に対して審問する機会を十分に与えられる権利及び公費で自己のために強制的手続により証人を求める権利を有する。

3　被告人は、いかなる場合にも、資格を有する弁護人を依頼することができる。被告人が自らこれを依頼することができないときは、国でこれを付する。

第三十八条　何人も、自己に不利益な供述を強要されない。

2　拷問、脅迫その他の強制による自白又は不当に長く抑留され、若しくは拘禁された後の自白は、証拠とすることができない。

3　何人も、自己に不利益な唯一の証拠が本人の自白である場合には、有罪とされない。

第三十九条　何人も、実行の時に違法ではなかった行為又は既に無罪とされた行為については、刑事上の責任を問われない。同一の犯罪については、重ねて刑事上の責任を問われない。

第四十条　何人も、抑留され、又は拘禁された後、裁判の結果無罪となったときは、法律の定めるところにより、国にその補償を求めることができる。

第四章　国会

第四十一条　国会は、国権の最高機関であって、国の唯一の立法機関である。

第四十二条　国会は、衆議院及び参議院の両議院で構成する。

第四十三条　両議院は、全国民を代表する選挙された議員で組織

所の迅速な公開裁判を受ける権利を有する。

2　刑事被告人は、すべての証人に対して審問する機会を充分に与へられ、又、公費で自己のために強制的手続により証人を求める権利を有する。

3　刑事被告人は、いかなる場合にも、資格を有する弁護人を依頼することができる。被告人が自らこれを依頼することができないときは、国でこれを附する。

第三十八条　何人も、自己に不利益な供述を強要されない。

2　強制、拷問若しくは脅迫による自白又は不当に長く抑留若しくは拘禁された後の自白は、これを証拠とすることができない。

3　何人も、自己に不利益な唯一の証拠が本人の自白である場合には、有罪とされ、又は刑罰を科せられない。

第三十九条　何人も、実行の時に適法であつた行為又は既に無罪とされた行為については、刑事上の責任を問はれない。又、同一の犯罪について、重ねて刑事上の責任を問はれない。

第四十条　何人も、抑留又は拘禁された後、無罪の裁判を受けたときは、法律の定めるところにより、国にその補償を求めることができる。

第四章　国会

第四十一条　国会は、国権の最高機関であつて、国の唯一の立法機関である。

第四十二条　国会は、衆議院及び参議院の両議院でこれを構成する。

する。
2　両議院の議員の定数は、法律で定める。
第四十四条　両議院の議員及びその選挙人の資格は、法律で定める。この場合においては、人種、信条、性別、障害の有無、社会的身分、門地、教育、財産又は収入によって差別してはならない。
第四十五条　衆議院議員の任期は、四年とする。ただし、衆議院が解散された場合には、その期間満了前に終了する。
第四十六条　参議院議員の任期は、六年とし、三年ごとに議員の半数を改選する。
第四十七条　選挙区、投票の方法その他両議院の議員の選挙に関する事項は、法律で定める。この場合においては、各選挙区は、人口を基本とし、行政区画、地勢等を総合的に勘案して定めなければならない。
第四十八条　何人も、同時に両議院の議員となることはできない。
第四十九条　両議院の議員は、法律の定めるところにより、国庫から相当額の歳費を受ける。
第五十条　両議院の議員は、法律の定める場合を除いては、国会の会期中逮捕されず、会期前に逮捕された議員は、その議院の要求があるときは、会期中釈放しなければならない。
第五十一条　両議院の議員は、議院で行った演説、討論又は表決について、院外で責任を問われない。
第五十二条　通常国会は、毎年一回召集される。
2　通常国会の会期は、法律で定める。
第五十三条　内閣は、臨時国会の召集を決定することができる。いずれかの議院の総議員の四分の一以上の要求があったときは、

第四十三条　両議院は、全国民を代表する選挙された議員でこれを組織する。
2　両議院の議員の定数は、法律でこれを定める。
第四十四条　両議院の議員及びその選挙人の資格は、法律でこれを定める。但し、人種、信条、性別、社会的身分、門地、教育、財産又は収入によつて差別してはならない。
第四十五条　衆議院議員の任期は、四年とする。但し、衆議院解散の場合には、その期間満了前に終了する。
第四十六条　参議院議員の任期は、六年とし、三年ごとに議員の半数を改選する。
第四十七条　選挙区、投票の方法その他両議院の議員の選挙に関する事項は、法律でこれを定める。
第四十八条　何人も、同時に両議院の議員たることはできない。
第四十九条　両議院の議員は、法律の定めるところにより、国庫から相当額の歳費を受ける。
第五十条　両議院の議員は、法律の定める場合を除いては、国会の会期中逮捕されず、会期前に逮捕された議員は、その議院の要求があれば、会期中これを釈放しなければならない。
第五十一条　両議院の議員は、議院で行つた演説、討論又は表決について、院外で責任を問はれない。
第五十二条　国会の常会は、毎年一回これを召集する。
第五十三条　内閣は、国会の臨時会の召集を決定することができる。いづれかの議院の総議員の四分の一以上の要求があれば、内閣は、その召集を決定しなければならない。

要求があった日から二十日以内に臨時国会が召集されなければならない。

第五十四条　衆議院の解散は、内閣総理大臣が決定する。

２　衆議院が解散されたときは、解散の日から四十日以内に、衆議院議員の総選挙を行い、その選挙の日から三十日以内に、特別国会が召集されなければならない。

３　衆議院が解散されたときは、参議院は、同時に閉会となる。ただし、内閣は、国に緊急の必要があるときは、参議院の緊急集会を求めることができる。

４　前項ただし書の緊急集会において採られた措置は、臨時のものであって、次の国会開会の後十日以内に、衆議院の同意がない場合には、その効力を失う。

第五十五条　両議院は、各々その議員の資格に関し争いがあるときは、これについて審査し、議決する。ただし、議員の議席を失わせるには、出席議員の三分の二以上の多数による議決を必要とする。

第五十六条　両議院の議事は、この憲法に特別の定めのある場合を除いては、出席議員の過半数で決し、可否同数のときは、議長の決するところによる。

２　両議院の議決は、各々その総議員の三分の一以上の出席がなければすることができない。

第五十七条　両議院の会議は、公開しなければならない。ただし、出席議員の三分の二以上の多数で議決したときは、秘密会を開くことができる。

２　両議院は、各々その会議の記録を保存し、秘密会の記録の中で特に秘密を要すると認められるものを除き、これを公表し、

第五十四条　衆議院が解散されたときは、解散の日から四十日以内に、衆議院議員の総選挙を行ひ、その選挙の日から三十日以内に、国会を召集しなければならない。

２　衆議院が解散されたときは、参議院は、同時に閉会となる。但し、内閣は、国に緊急の必要があるときは、参議院の緊急集会を求めることができる。

３　前項但書の緊急集会において採られた措置は、臨時のものであつて、次の国会開会の後十日以内に、衆議院の同意がない場合には、その効力を失ふ。

第五十五条　両議院は、各々その議員の資格に関する争訟を裁判する。但し、議員の議席を失はせるには、出席議員の三分の二以上の多数による議決を必要とする。

第五十六条　両議院は、各々その総議員の三分の一以上の出席がなければ、議事を開き議決することができない。

２　両議院の議事は、この憲法に特別の定のある場合を除いては、出席議員の過半数でこれを決し、可否同数のときは、議長の決するところによる。

第五十七条　両議院の会議は、公開とする。但し、出席議員の三分の二以上の多数で議決したときは、秘密会を開くことができる。

２　両議院は、各々その会議の記録を保存し、秘密会の記録の中で特に秘密を要すると認められるもの以外は、これを公表し、

かつ、一般に頒布しなければならない。

3　出席議員の五分の一以上の要求があるときは、各議員の表決を会議録に記載しなければならない。

第五十八条　両議院は、各々その議長その他の役員を選任する。

2　両議院は、各々その会議その他の手続及び内部の規律に関する規則を定め、並びに院内の秩序を乱した議員を懲罰することができる。ただし、議員を除名するには、出席議員の三分の二以上の多数による議決を必要とする。

第五十九条　法律案は、この憲法に特別の定めのある場合を除いては、両議院で可決したとき法律となる。

2　衆議院で可決し、参議院でこれと異なった議決をした法律案は、衆議院で出席議員の三分の二以上の多数で再び可決したときは、法律となる。

3　前項の規定は、法律の定めるところにより、衆議院が両議院の協議会を開くことを求めることを妨げない。

4　参議院が、衆議院の可決した法律案を受け取った後、国会休会中の期間を除いて六十日以内に、議決しないときは、衆議院は、参議院がその法律案を否決したものとみなすことができる。

第六十条　予算案は、先に衆議院に提出しなければならない。

2　予算案について、参議院で衆議院と異なった議決をした場合において、法律の定めるところにより、両議院の協議会を開いても意見が一致しないとき、又は参議院が、衆議院の可決した予算案を受け取った後、国会休会中の期間を除いて三十日以内に、議決しないときは、衆議院の議決を国会の議決とする。

第六十一条　条約の締結に必要な国会の承認については、前条第二項の規定を準用する。

且つ一般に頒布しなければならない。

3　出席議員の五分の一以上の要求があれば、各議員の表決は、これを会議録に記載しなければならない。

第五十八条　両議院は、各々その議長その他の役員を選任する。

2　両議院は、各々その会議その他の手続及び内部の規律に関する規則を定め、又、院内の秩序をみだした議員を懲罰することができる。但し、議員を除名するには、出席議員の三分の二以上の多数による議決を必要とする。

第五十九条　法律案は、この憲法に特別の定のある場合を除いては、両議院で可決したとき法律となる。

2　衆議院で可決し、参議院でこれと異なつた議決をした法律案は、衆議院で出席議員の三分の二以上の多数で再び可決したときは、法律となる。

3　前項の規定は、法律の定めるところにより、衆議院が、両議院の協議会を開くことを求めることを妨げない。

4　参議院が、衆議院の可決した法律案を受け取つた後、国会休会中の期間を除いて六十日以内に、議決しないときは、衆議院は、参議院がその法律案を否決したものとみなすことができる。

第六十条　予算は、さきに衆議院に提出しなければならない。

2　予算について、参議院で衆議院と異なつた議決をした場合に、法律の定めるところにより、両議院の協議会を開いても意見が一致しないとき、又は参議院が、衆議院の可決した予算を受け取つた後、国会休会中の期間を除いて三十日以内に、議決しないときは、衆議院の議決を国会の議決とする。

第六十一条　条約の締結に必要な国会の承認については、前条第二項の規定を準用する。

第六十二条　両議院は、各々国政に関する調査を行い、これに関して、証人の出頭及び証言並びに記録の提出を要求することができる。

第六十三条　内閣総理大臣及びその他の国務大臣は、議案について発言するため両議院に出席することができる。

2　内閣総理大臣及びその他の国務大臣は、答弁又は説明のため議院から出席を求められたときは、出席しなければならない。ただし、職務の遂行上特に必要がある場合は、この限りでない。

第六十四条　国会は、罷免の訴追を受けた裁判官を裁判するため、両議院の議員で組織する弾劾裁判所を設ける。

2　弾劾に関する事項は、法律で定める。

第六十四条の二　国は、政党が議会制民主主義に不可欠の存在であることに鑑み、その活動の公正の確保及びその健全な発展に努めなければならない。

2　政党の政治活動の自由は、保障する。

3　前二項に定めるもののほか、政党に関する事項は、法律で定める。

第五章　内閣

第六十五条　行政権は、この憲法に特別の定めのある場合を除き、内閣に属する。

第六十六条　内閣は、法律の定めるところにより、その首長である内閣総理大臣及びその他の国務大臣で構成する。

2　内閣総理大臣及び全ての国務大臣は、現役の軍人であっては

第六十二条　両議院は、各々国政に関する調査を行ひ、これに関して、証人の出頭及び証言並びに記録の提出を要求することができる。

第六十三条　内閣総理大臣その他の国務大臣は、両議院の一に議席を有すると有しないとにかかはらず、何時でも議案について発言するため議院に出席することができる。又、答弁又は説明のため出席を求められたときは、出席しなければならない。

第六十四条　国会は、罷免の訴追を受けた裁判官を裁判するため、両議院の議員で組織する弾劾裁判所を設ける。

2　弾劾に関する事項は、法律でこれを定める。

第五章　内閣

第六十五条　行政権は、内閣に属する。

第六十六条　内閣は、法律の定めるところにより、その首長たる内閣総理大臣及びその他の国務大臣でこれを組織する。

2　内閣総理大臣その他の国務大臣は、文民でなければならない。

3　内閣は、行政権の行使について、国会に対し連帯して責任を

ならない。
3　内閣は、行政権の行使について、国会に対し連帯して責任を負う。
第六十七条　内閣総理大臣は、国会議員の中から国会が指名する。
2　国会は、他の全ての案件に先立って、内閣総理大臣の指名を行わなければならない。
3　衆議院と参議院とが異なった指名をした場合において、法律の定めるところにより、両議院の協議会を開いても意見が一致しないとき、又は衆議院が指名をした後、国会休会中の期間を除いて十日以内に、参議院が指名をしないときは、衆議院の指名を国会の指名とする。
第六十八条　内閣総理大臣は、国務大臣を任命する。この場合においては、その過半数は、国会議員の中から任命しなければならない。
2　内閣総理大臣は、任意に国務大臣を罷免することができる。
第六十九条　内閣は、衆議院が不信任の決議案を可決し、又は信任の決議案を否決したときは、十日以内に衆議院が解散されない限り、総辞職をしなければならない。
第七十条　内閣総理大臣が欠けたとき、又は衆議院議員の総選挙の後に初めて国会の召集があったときは、内閣は、総辞職をしなければならない。
2　内閣総理大臣が欠けたとき、その他これに準ずる場合として法律で定めるときは、内閣総理大臣があらかじめ指定した国務大臣が、臨時に、その職務を行う。
第七十一条　前二条の場合には、内閣は、新たに内閣総理大臣が任命されるまでの間は、引き続き、その職務を行う。

負ふ。
第六十七条　内閣総理大臣は、国会議員の中から国会の議決で、これを指名する。この指名は、他のすべての案件に先だつて、これを行ふ。
2　衆議院と参議院とが異なつた指名の議決をした場合に、法律の定めるところにより、両議院の協議会を開いても意見が一致しないとき、又は衆議院が指名の議決をした後、国会休会中の期間を除いて十日以内に、参議院が、指名の議決をしないときは、衆議院の議決を国会の議決とする。
第六十八条　内閣総理大臣は、国務大臣を任命する。但し、その過半数は、国会議員の中から選ばれなければならない。
2　内閣総理大臣は、任意に国務大臣を罷免することができる。
第六十九条　内閣は、衆議院で不信任の決議案を可決し、又は信任の決議案を否決したときは、十日以内に衆議院が解散されない限り、総辞職をしなければならない。
第七十条　内閣総理大臣が欠けたとき、又は衆議院議員総選挙の後に初めて国会の召集があつたときは、内閣は、総辞職をしなければならない。
第七十一条　前二条の場合には、内閣は、あらたに内閣総理大臣が任命されるまで引き続きその職務を行ふ。

第七十二条　内閣総理大臣は、行政各部を指揮監督し、その総合調整を行う。
2　内閣総理大臣は、内閣を代表して、議案を国会に提出し、並びに一般国務及び外交関係について国会に報告する。
3　内閣総理大臣は、最高指揮官として、国防軍を統括する。
第七十三条　内閣は、他の一般行政事務のほか、次に掲げる事務を行う。
一　法律を誠実に執行し、国務を総理すること。
二　外交関係を処理すること。
三　条約を締結すること。ただし、事前に、やむを得ない場合は事後に、国会の承認を経ることを必要とする。
四　法律の定める基準に従い、国の公務員に関する事務をつかさどること。
五　予算案及び法律案を作成して国会に提出すること。
六　法律の規定に基づき、政令を制定すること。ただし、政令には、特にその法律の委任がある場合を除いては、義務を課し、又は権利を制限する規定を設けることができない。
七　大赦、特赦、減刑、刑の執行の免除及び復権を決定すること。
第七十四条　法律及び政令には、全て主任の国務大臣が署名し、内閣総理大臣が連署することを必要とする。
第七十五条　国務大臣は、その在任中、内閣総理大臣の同意がなければ、公訴を提起されない。ただし、国務大臣でなくなった後に、公訴を提起することを妨げない。

第七十二条　内閣総理大臣は、内閣を代表して議案を国会に提出し、一般国務及び外交関係について国会に報告し、並びに行政各部を指揮監督する。
第七十三条　内閣は、他の一般行政事務の外、左の事務を行ふ。
一　法律を誠実に執行し、国務を総理すること。
二　外交関係を処理すること。
三　条約を締結すること。但し、事前に、時宜によつては事後に、国会の承認を経ることを必要とする。
四　法律の定める基準に従ひ、官吏に関する事務を掌理すること。
五　予算を作成して国会に提出すること。
六　この憲法及び法律の規定を実施するために、政令を制定すること。但し、政令には、特にその法律の委任がある場合を除いては、罰則を設けることができない。
七　大赦、特赦、減刑、刑の執行の免除及び復権を決定すること。
第七十四条　法律及び政令には、すべて主任の国務大臣が署名し、内閣総理大臣が連署することを必要とする。
第七十五条　国務大臣は、その在任中、内閣総理大臣の同意がなければ、訴追されない。但し、これがため、訴追の権利は、害されない。

第六章　司法

第七十六条　全て司法権は、最高裁判所及び法律の定めるところにより設置する下級裁判所に属する。

2　特別裁判所は、設置することができない。行政機関は、最終的な上訴審として裁判を行うことができない。

3　全て裁判官は、その良心に従い独立してその職権を行い、この憲法及び法律にのみ拘束される。

第七十七条　最高裁判所は、裁判に関する手続、弁護士、裁判所の内部規律及び司法事務処理に関する事項について、規則を定める権限を有する。

2　検察官、弁護士その他の裁判に関わる者は、最高裁判所の定める規則に従わなければならない。

3　最高裁判所は、下級裁判所に関する規則を定める権限を、下級裁判所に委任することができる。

第七十八条　裁判官は、次条第三項に規定する場合及び心身の故障のために職務を執ることができないと裁判により決定された場合を除いては、第六十四条第一項の規定による裁判によらなければ罷免されない。行政機関は、裁判官の懲戒処分を行うことができない。

第七十九条　最高裁判所は、その長である裁判官及び法律の定める員数のその他の裁判官で構成し、最高裁判所の長である裁判官以外の裁判官は、内閣が任命する。

2　最高裁判所の裁判官は、その任命後、法律の定めるところにより、国民の審査を受けなければならない。

3　前項の審査において罷免すべきとされた裁判官は、罷免され

第六章　司法

第七十六条　すべて司法権は、最高裁判所及び法律の定めるところにより設置する下級裁判所に属する。

2　特別裁判所は、これを設置することができない。行政機関は、終審として裁判を行ふことができない。

3　すべて裁判官は、その良心に従ひ独立してその職権を行ひ、この憲法及び法律にのみ拘束される。

第七十七条　最高裁判所は、訴訟に関する手続、弁護士、裁判所の内部規律及び司法事務処理に関する事項について、規則を定める権限を有する。

2　検察官は、最高裁判所の定める規則に従はなければならない。

3　最高裁判所は、下級裁判所に関する規則を定める権限を、下級裁判所に委任することができる。

第七十八条　裁判官は、裁判により、心身の故障のために職務を執ることができないと決定された場合を除いては、公の弾劾によらなければ罷免されない。裁判官の懲戒処分は、行政機関がこれを行ふことはできない。

第七十九条　最高裁判所は、その長たる裁判官及び法律の定める員数のその他の裁判官でこれを構成し、その長たる裁判官以外の裁判官は、内閣でこれを任命する。

2　最高裁判所の裁判官の任命は、その任命後初めて行はれる衆議院議員総選挙の際国民の審査に付し、その後十年を経過した後初めて行はれる衆議院議員総選挙の際更に審査に付し、その

る。

4　最高裁判所の裁判官は、法律の定める年齢に達した時に退官する。

5　最高裁判所の裁判官は、全て定期に相当額の報酬を受ける。この報酬は、在任中、分限又は懲戒による場合及び一般の公務員の例による場合を除き、減額できない。

第八十条　下級裁判所の裁判官は、最高裁判所の指名した者の名簿によって、内閣が任命する。その裁判官は、法律の定める任期を限って任命され、再任されることができる。ただし、法律の定める年齢に達した時には、退官する。

2　前条第五項の規定は、下級裁判所の裁判官の報酬について準用する。

第八十一条　最高裁判所は、一切の法律、命令、規則又は処分が憲法に適合するかしないかを決定する権限を有する最終的な上訴審裁判所である。

第八十二条　裁判の口頭弁論及び公判手続並びに判決は、公開の法廷で行う。

2　裁判所が、裁判官の全員一致で、公の秩序又は善良の風俗を害するおそれがあると決した場合には、口頭弁論及び公判手続は、公開しないで行うことができる。ただし、政治犯罪、出版に関する犯罪又は第三章で保障する国民の権利が問題となっている事件の口頭弁論及び公判手続は、常に公開しなければならない。

後も同様とする。

3　前項の場合において、投票者の多数が裁判官の罷免を可とするときは、その裁判官は、罷免される。

4　審査に関する事項は、法律でこれを定める。

5　最高裁判所の裁判官は、法律の定める年齢に達した時に退官する。

6　最高裁判所の裁判官は、すべて定期に相当額の報酬を受ける。この報酬は、在任中、これを減額することができない。

第八十条　下級裁判所の裁判官は、最高裁判所の指名した者の名簿によつて、内閣でこれを任命する。その裁判官は、任期を十年とし、再任されることができる。但し、法律の定める年齢に達した時には退官する。

2　下級裁判所の裁判官は、すべて定期に相当額の報酬を受ける。この報酬は、在任中、これを減額することができない。

第八十一条　最高裁判所は、一切の法律、命令、規則又は処分が憲法に適合するかしないかを決定する権限を有する終審裁判所である。

第八十二条　裁判の対審及び判決は、公開法廷でこれを行ふ。

2　裁判所が、裁判官の全員一致で、公の秩序又は善良の風俗を害する虞があると決した場合には、対審は、公開しないでこれを行ふことができる。但し、政治犯罪、出版に関する犯罪又はこの憲法第三章で保障する国民の権利が問題となつてゐる事件の対審は、常にこれを公開しなければならない。

第七章　財政

第八十三条　国の財政を処理する権限は、国会の議決に基づいて行使しなければならない。

2　財政の健全性は、法律の定めるところにより、確保されなければならない。

第八十四条　租税を新たに課し、又は変更するには、法律の定めるところによることを必要とする。

第八十五条　国費を支出し、又は国が債務を負担するには、国会の議決に基づくことを必要とする。

第八十六条　内閣は、毎会計年度の予算案を作成し、国会に提出して、その審議を受け、議決を経なければならない。

2　内閣は、毎会計年度中において、予算を補正するための予算案を提出することができる。

3　内閣は、当該会計年度開始前に第一項の議決を得られる見込みがないと認めるときは、暫定期間に係る予算案を提出しなければならない。

4　毎会計年度の予算は、法律の定めるところにより、国会の議決を経て、翌年度以降の年度においても支出することができる。

第八十七条　予見し難い予算の不足に充てるため、国会の議決に基づいて予備費を設け、内閣の責任でこれを支出することができる。

2　全て予備費の支出については、内閣は、事後に国会の承諾を得なければならない。

第八十八条　全て皇室財産は、国に属する。全て皇室の費用は、予算案に計上して国会の議決を経なければならない。

第七章　財政

第八十三条　国の財政を処理する権限は、国会の議決に基いて、これを行使しなければならない。

第八十四条　あらたに租税を課し、又は現行の租税を変更するには、法律又は法律の定める条件によることを必要とする。

第八十五条　国費を支出し、又は国が債務を負担するには、国会の議決に基くことを必要とする。

第八十六条　内閣は、毎会計年度の予算を作成し、国会に提出して、その審議を受け議決を経なければならない。

第八十七条　予見し難い予算の不足に充てるため、国会の議決に基いて予備費を設け、内閣の責任でこれを支出することができる。

2　すべて予備費の支出については、内閣は、事後に国会の承諾を得なければならない。

第八十八条　すべて皇室財産は、国に属する。すべて皇室の費用は、予算に計上して国会の議決を経なければならない。

第八十九条　公金その他の公の財産は、第二十条第三項ただし書に規定する場合を除き、宗教的活動を行う組織若しくは団体の使用、便益若しくは維持のため支出し、又はその利用に供してはならない。

２　公金その他の公の財産は、国若しくは地方自治体その他の公共団体の監督が及ばない慈善、教育若しくは博愛の事業に対して支出し、又はその利用に供してはならない。

第九十条　内閣は、国の収入支出の決算について、全て毎年会計検査院の検査を受け、法律の定めるところにより、次の年度にその検査報告とともに両議院に提出し、その承認を受けなければならない。

２　会計検査院の組織及び権限は、法律で定める。

３　内閣は、第一項の検査報告の内容を予算案に反映させ、国会に対し、その結果について報告しなければならない。

第九十一条　内閣は、国会に対し、定期に、少なくとも毎年一回、国の財政状況について報告しなければならない。

第八章　地方自治

第九十二条　地方自治は、住民の参画を基本とし、住民に身近な行政を自主的、自立的かつ総合的に実施することを旨として行う。

２　住民は、その属する地方自治体の役務の提供を等しく受ける権利を有し、その負担を公平に分担する義務を負う。

第九十三条　地方自治体は、基礎地方自治体及びこれを包括する

第八十九条　公金その他の公の財産は、宗教上の組織若しくは団体の使用、便益若しくは維持のため、又は公の支配に属しない慈善、教育若しくは博愛の事業に対し、これを支出し、又はその利用に供してはならない。

第九十条　国の収入支出の決算は、すべて毎年会計検査院がこれを検査し、内閣は、次の年度に、その検査報告とともに、これを国会に提出しなければならない。

２　会計検査院の組織及び権限は、法律でこれを定める。

第九十一条　内閣は、国会及び国民に対し、定期に、少くとも毎年一回、国の財政状況について報告しなければならない。

第八章　地方自治

第九十二条　地方公共団体の組織及び運営に関する事項は、地方自治の本旨に基いて、法律でこれを定める。

広域地方自治体とすることを基本とし、その種類は、法律で定める。
２　地方自治体の組織及び運営に関する基本的事項は、地方自治の本旨に基づいて、法律で定める。
３　国及び地方自治体は、法律の定める役割分担を踏まえ、協力しなければならない。地方自治体は、相互に協力しなければならない。
第九十四条　地方自治体には、法律の定めるところにより、条例その他重要事項を議決する機関として、議会を設置する。
２　地方自治体の長、議会の議員及び法律の定めるその他の公務員は、当該地方自治体の住民であって日本国籍を有する者が直接選挙する。
第九十五条　地方自治体は、その事務を処理する権能を有し、法律の範囲内で条例を制定することができる。
第九十六条　地方自治体の経費は、条例の定めるところにより課する地方税その他の自主的な財源をもって充てることを基本とする。
２　国は、地方自治体において、前項の自主的な財源だけでは地方自治体の行うべき役務の提供ができないときは、法律の定めるところにより、必要な財政上の措置を講じなければならない。
３　第八十三条第二項の規定は、地方自治について準用する。
第九十七条　特定の地方自治体の組織、運営若しくは権能について他の地方自治体と異なる定めをし、又は特定の地方自治体の住民にのみ義務を課し、権利を制限する特別法は、法律の定めるところにより、その地方自治体の住民の投票において有効投票の過半数の同意を得なければ、制定することができない。

第九十三条　地方公共団体には、法律の定めるところにより、その議事機関として議会を設置する。
２　地方公共団体の長、その議会の議員及び法律の定めるその他の吏員は、その地方公共団体の住民が、直接これを選挙する。
第九十四条　地方公共団体は、その財産を管理し、事務を処理し、及び行政を執行する権能を有し、法律の範囲内で条例を制定することができる。
第九十五条　一の地方公共団体のみに適用される特別法は、法律の定めるところにより、その地方公共団体の住民の投票においてその過半数の同意を得なければ、国会は、これを制定することができない。

第九章　緊急事態

第九十八条　内閣総理大臣は、我が国に対する外部からの武力攻撃、内乱等による社会秩序の混乱、地震等による大規模な自然災害その他の法律で定める緊急事態において、特に必要があると認めるときは、法律の定めるところにより、閣議にかけて、緊急事態の宣言を発することができる。

2　緊急事態の宣言は、法律の定めるところにより、事前又は事後に国会の承認を得なければならない。

3　内閣総理大臣は、前項の場合において不承認の議決があったとき、国会が緊急事態の宣言を解除すべき旨を議決したとき、又は事態の推移により当該宣言を継続する必要がないと認めるときは、法律の定めるところにより、閣議にかけて、当該宣言を速やかに解除しなければならない。また、百日を超えて緊急事態の宣言を継続しようとするときは、百日を超えるごとに、事前に国会の承認を得なければならない。

4　第二項及び前項後段の国会の承認については、第六十条第二項の規定を準用する。この場合において、同項中「三十日以内」とあるのは、「五日以内」と読み替えるものとする。

第九十九条　緊急事態の宣言が発せられたときは、法律の定めるところにより、内閣は法律と同一の効力を有する政令を制定することができるほか、内閣総理大臣は財政上必要な支出その他の処分を行い、地方自治体の長に対して必要な指示をすることができる。

2　前項の政令の制定及び処分については、法律の定めるところにより、事後に国会の承認を得なければならない。

3　緊急事態の宣言が発せられた場合には、何人も、法律の定めるところにより、当該宣言に係る事態において国民の生命、身体及び財産を守るために行われる措置に関して発せられる国その他公の機関の指示に従わなければならない。この場合においても、第十四条、第十八条、第十九条、第二十一条その他の基本的人権に関する規定は、最大限に尊重されなければならない。

4　緊急事態の宣言が発せられた場合においては、法律の定めるところにより、その宣言が効力を有する期間、衆議院は解散されないものとし、両議院の議員の任期及びその選挙期日の特例を設けることができる。

第十章　改正

第百条　この憲法の改正は、衆議院又は参議院の議員の発議により、両議院のそれぞれの総議員の過半数の賛成で国会が議決し、国民に提案してその承認を得なければならない。この承認には、法律の定めるところにより行われる国民の投票において有効投票の過半数の賛成を必要とする。

2　憲法改正について前項の承認を経たときは、天皇は、直ちに憲法改正を公布する。

第九章　改正

第九十六条　この憲法の改正は、各議院の総議員の三分の二以上の賛成で、国会が、これを発議し、国民に提案してその承認を経なければならない。この承認には、特別の国民投票又は国会の定める選挙の際行はれる投票において、その過半数の賛成を必要とする。

2　憲法改正について前項の承認を経たときは、天皇は、国民の名で、この憲法と一体を成すものとして、直ちにこれを公布する。

第十一章　最高法規

第百一条　この憲法は、国の最高法規であって、その条規に反する法律、命令、詔勅及び国務に関するその他の行為の全部又は一部は、その効力を有しない。

2　日本国が締結した条約及び確立された国際法規は、これを誠実に遵守することを必要とする。

第百二条　全て国民は、この憲法を尊重しなければならない。

2　国会議員、国務大臣、裁判官その他の公務員は、この憲法を擁護する義務を負う。

第十章　最高法規

第九十七条　この憲法が日本国民に保障する基本的人権は、人類の多年にわたる自由獲得の努力の成果であつて、これらの権利は、過去幾多の試錬に堪へ、現在及び将来の国民に対し、侵すことのできない永久の権利として信託されたものである。

第九十八条　この憲法は、国の最高法規であつて、その条規に反する法律、命令、詔勅及び国務に関するその他の行為の全部又は一部は、その効力を有しない。

2　日本国が締結した条約及び確立された国際法規は、これを誠実に遵守することを必要とする。

第九十九条　天皇又は摂政及び国務大臣、国会議員、裁判官その他の公務員は、この憲法を尊重し擁護する義務を負ふ。

第十一章　補則

第百条　この憲法は、公布の日から起算して六箇月を経過した日から、これを施行する。

2　この憲法を施行するために必要な法律の制定、参議院議員の選挙及び国会召集の手続並びにこの憲法を施行するために必要な準備手続は、前項の期日よりも前に、これを行ふことができる。

第百一条　この憲法施行の際、参議院がまだ成立してゐないときは、その成立するまでの間、衆議院は、国会としての権限を行ふ。

第百二条　この憲法による第一期の参議院議員のうち、その半数の者の任期は、これを三年とする。その議員は、法律の定めるところにより、これを定める。
第百三条　この憲法施行の際現に在職する国務大臣、衆議院議員及び裁判官並びにその他の公務員で、その地位に相応する地位がこの憲法で認められてゐる者は、法律で特別の定をした場合を除いては、この憲法施行のため、当然にはその地位を失ふことはない。但し、この憲法によつて、後任者が選挙又は任命されたときは、当然その地位を失ふ。

自由民主党憲法改正推進本部　（二〇一一年十二月二十日現在）

本部長　保利耕輔
最高顧問　麻生太郎　安倍晋三　福田康夫　森喜朗
顧問　古賀誠　中川秀直　野田毅　谷川秀善　中曽根弘文
関谷勝嗣　中山太郎　船田元　保岡興治
副会長　石破茂　木村太郎　中谷元　平沢勝栄　古屋圭司
小坂憲次　中川雅治　溝手顕正
事務局長　中谷元
事務局次長　井上信治　近藤三津枝　礒崎陽輔　岡田直樹
（役員の並びは、五十音順）

憲法改正推進本部　起草委員会　（二〇一一年十二月二十二日）

委員長　中谷元
顧問　保利耕輔　小坂憲次
幹事　川口順子　中川雅治　西田昌司
委員　井上信治　石破茂　木村太郎　近藤三津枝　柴山昌彦
田村憲久　棚橋泰文　中川秀直　野田毅　平沢勝栄
古屋圭司　有村治子　礒崎陽輔　衛藤晟一
大家敏志　片山さつき　佐藤正久　中曽根弘文
藤川政人　古川俊治　丸山和也　山谷えり子
若林健太
事務局長　礒崎陽輔
事務局次長　近藤三津枝

（自由民主党ウェブサイトより）

あたらしい憲法草案のはなし

二〇一六年六月二二日　初版発行
二〇一六年七月二九日　五刷発行

著者　自民党の憲法改正草案を爆発的にひろめる有志連合

発行所　太郎次郎社エディタス
東京都文京区本郷三－四－三－八階
郵便番号一一三－〇〇三三
電話　〇三－三八一五－〇六〇五
ファックス　〇三－三八一五－〇六九八
http://www.tarojiro.co.jp/

印刷・製本　シナノ書籍印刷

ISBN 978-4-8118-0793-5 C0031